Mises à mort

Suzanne Myre

Mises à mort

Nouvelles

ÉDITIONS
MARCHAND
DE FEUILLES

Marchand de feuilles
C.P. 4, Succursale Place D'Armes
Montréal, Québec
H2Y 3E9
Canada

www.marchanddefeuilles.com

Mise en pages : Roger Des Roches
Illustration de la couverture : Isabelle Arsenault
Direction artistique : Shan Tamiki
Infographie : Marchand de feuilles
Révision : Annie Pronovost, Jocelyne Tellier

Distribution au Canada : Marchand de feuilles
Distribution en Europe : Librairie du Québec/DNM

Les Éditions Marchand de feuilles remercient le Conseil des Arts du Canada ainsi
que la Sodec pour leur soutien financier.

Conseil des Arts **Canada Council**
du Canada **for the Arts**

Société
de développement
des entreprises
culturelles
Québec

Catalogage avant publication de Bibliothèque et Archives Canada

Myre, Suzanne, 1961-

Mises à mort

ISBN 978-2-922944-35-8

I. Titre.

PS8576.Y75M57 2007   C843'.6   C2006-942301-6
PS9576.Y75M57 2007

Dépôt légal : 2007
Bibliothèque nationale du Québec
Bibliothèque nationale du Canada

VILE VILLE

❖

Parc Baldwin. Dix amateurs de tai-chi forment une jolie mosaïque mouvante sous les arbres centenaires. Ils bougent à l'unisson, sans aucun bruit, à peine effleurent-ils l'herbe en déplaçant leurs pieds chaussés de souliers chinois. Les contempler tient du ravissement absolu, quoique légèrement soporifique. On n'y comprend strictement rien, mais la détente qui s'empare du spectateur semble aussi puissante que celle du participant. Autant donc rester sur le banc, cela demande moins d'effort.

Depuis une semaine, au lieu d'aller dans l'enclos à chiens, Maryse promène son chien saucisse, Hygrade, dans les allées du parc. Elle a accroché à sa ceinture un sac de toile contenant une provision d'autres sacs destinés à faire ce que personne n'aime faire, mais qu'il faut bien faire, n'est-ce pas, si on ne veut pas se retrouver dans la crotte jusqu'au cou. Elle guette les propriétaires de chien qui croient pouvoir s'en tirer en regardant ailleurs pendant que toutou fait *poupou*. Elle s'approche alors subtilement, retire un sac de sa provision et l'offre avec un sourire innocent. Elle fait mouche à tout coup.

Hygrade tire sur sa laisse, il a envie de gambader à son gré. Il fait «Wouf! Wouf!» de sa belle voix de chien saucisson pour remercier Maryse lorsqu'elle détache la laisse du collier. Une telle binette ne dérange jamais personne, elle attire plutôt la sympathie, les «oh!» et les «ah!» et les «Comme il est mimi, ce petit chien-chien!» Mais cette fois, c'est le chien qui est dérangé. Alors que Maryse est occupée à flirter avec l'épagneul de Jacques, ou est-ce avec le Jacques de l'épagneul, Hygrade, d'ordinaire si pacifique, se rue sur un «tai-chiant» et lui croque la cheville, cheville qui soutenait le mouvement de «la grue qui prend son envol». Le petit chien est tenace, il mord dans le pantalon de coton noir, il reconnaît le goût de ce tissu frais lavé au Tide parfum d'amandes émondées, le même savon à lessive que sa maîtresse utilise pour ses sous-vêtements. Il aime renifler les sous-vêtements de Maryse, se vautrer dans la dentelle et le fin coton. Mordiller le coton, c'est son petit travers.

Hygrade se retrouve alors soulevé du sol; la grue est forte et l'envol a suivi son cours malgré l'incident. Déstabilisé, l'homme tombe à la renverse et écrase Hygrade sous ses puissantes cuisses de karatéka. Le chien disparaît sous le pantalon-parachute, couine un petit coup puis se tait. Il fait le mort ou bien il l'est. Maryse se précipite vers le groupe dont l'uniformité est brisée en dix morceaux contrariés par cette distraction, dix individus qui se penchent toutefois avec curiosité vers Marc — c'est ainsi que le tueur en kimono se nomme. Maryse se faufile vers le lieu de l'accident avec un tel affolement que les autres s'écartent d'un seul bloc. C'est charmant à voir. Ce que voit Maryse ne l'est pas moins : au-delà de la saucisse en forme de chien que Marc lui tend en bredouillant : « Il n'est pas mort, il est vivant, enfin, je crois », il y a les yeux de l'amour. Et dire que depuis la naissance de Hygrade, elle se faisait chier à fréquenter les parcs à chiens puant la merde, dans l'espoir de rencontrer l'âme sœur. Hygrade est un peu sonné, légèrement décoiffé, peut-être a-t-il une ou deux côtes cassées, une patte disloquée, peut-être est-il traumatisé à vie, au point qu'il fera ses besoins partout dans la maison qu'il ne voudra plus jamais quitter, mais elle s'en fout ; grâce à lui, elle a enfin rencontré un homme qui a du chien.

· · ·

Avenue du Mont-Royal. Sylvie fait son épicerie, très tôt, avant que les habitants n'émergent de leurs condos, encore à moitié endormis, la couette mal placée mais avec stratégie, les yeux gonflés des conséquences de la veille, à la recherche du café qui les lavera de leur mine de déterré. Elle repère les denrées qui sont affichées en solde, chômage oblige, et entre dans les fruiteries intéressantes ; ce ne sont pas elles qui manquent, elles poussent comme des champignons, à croire que chaque local subitement vacant recèle une graine de fruiterie sous la moquette, qui n'attend que la faillite du précédent propriétaire pour éclore. Il est grand le mystère des fruits et légumes sur le Plateau.

Un petit chien saucisse insignifiant bloque l'entrée de Yoga-fruits. Elle le tasse du bout du pied, il tente de la mordre. Non mais, pour qui se prend-il, ce petit boudin snobinard? Devant l'étalage des produits bio, un mec vêtu d'une sorte de pantalon noir assez grand pour faire une tente pelote la nuque d'une blonde pâmée. Leurs têtes se rejoignent tandis qu'ils décryptent la liste des ingrédients d'un yaourt. Il rit en lisant un mot compliqué, elle le bécote pour le féliciter, il lui rend son bécot, ça n'en finit plus. Sylvie déteste ces gens qui expriment leur libido en public. Pourtant, elle ne peut s'empêcher de les observer tandis qu'elle choisit quelques pommes. Son examen lui confirme une chose: le gars est en érection. Le large pantalon aux multiples plis est étiré par le devant d'au moins... beaucoup de pouces, évalue Sylvie, et le type ne porte pas de caleçon, c'est clair. Elle s'empare d'un kilo de bananes et se dirige vers la caisse, dégoûtée. Pas de danger que cela lui arrive. En sortant, elle bouscule à nouveau le chien saucisse, convaincue qu'il est parent avec le type à l'intérieur. Pas d'erreur possible, ils ont presque les mêmes proportions.

· · ·

Second Cup. Sylvie décide de prendre un café pour se remettre de ses émotions. Ce n'est pas tous les jours qu'on croise un pénis érigé dans un commerce destiné à de toutes autres fins. Elle dépose ses sacs et se masse les poignets. Elle a la sensation que ses bras se sont étirés d'un pouce, qu'un jour, à force de transporter des paquets aussi lourds, elle se retrouvera les mains à la hauteur des genoux, comme un chimpanzé. Elle commande un bol de café au lait, un croissant aux amandes massif et choisit un siège près de la fenêtre. Elle sait que ces croissants, qu'elle ne peut s'empêcher de manger à raison de un par jour, contribuent à la brioche qui se développe lentement autour de son nombril, mais bon, c'est une question de choix : se nourrir (agréablement) ou mourir (misérablement). C'est bien, les fruits et les légumes, mais aucun n'arrive à la cheville de la pâtisserie quand il s'agit de combler le vide affectif. Pas de pot, les amants libidineux ont aussi besoin d'un café, pour calmer leurs ardeurs ou les enflammer davantage. Ils s'assoient tout près d'elle. Ils ont beau chuchoter, elle saisit chaque mot.

— Tu es toujours en érection quand ce n'est pas le temps.

— C'est toujours le temps.

— Sauf quand on est au lit, apparemment.

— Je déteste faire l'amour au lit. Hygrade est toujours là, à nous regarder avec ses yeux fondants idiots, c'est gênant. Il me fait débander.

— Ne parle pas de Hygrade de cette façon. C'est grâce à lui qu'on s'est rencontrés. D'ailleurs, il boite toujours.

— Tu accordes trop d'importance à ce cabot au nom ridicule.

— Eh, monsieur le « tai-chieux », un peu de respect.

— Ton café est bon ?

— Il manque un peu de sucre, tu irais m'en chercher ?

Ainsi, il s'appelle Hygrade. Sylvie est au comble du bonheur. Elle est heureuse de ne pas être en couple, et d'avoir donné une taloche au petit avorton. Elle mord dans son croissant, dont quelques miettes tombent sur le sol. Sur le trottoir, le chien la dévisage avec ses yeux en amande, implorant. Il tire au maximum sur la laisse attachée à un parcomètre et s'approche de Sylvie, tend son cou par la porte-fenêtre jusqu'à toucher sa cheville. Elle déchire un bout de croissant et le lui tend, espérant qu'il ait une allergie aux noix.

— Eh ! Ne faites pas ça ! Il ne supporte pas les aliments farineux et sucrés. Ça le rend malade, il vomit partout.

— Désolée. Il est *si mignon*. Je ne lui ai rien donné, ne vous en faites pas.

— Il est mignon, je sais. Il est craquant, tout le monde le dit, enfin, presque tout le monde.

Elle regarde d'un air bête son ami qui revient avec un sachet de sucre brun. Il le déchire et en répand le contenu entier dans le bol.

— Qu'est-ce que tu fais? C'est trop! Il ne sera plus buvable! Ah! toi, tu es impossible.

Sylvie cale son café, s'essuie les lèvres et se lève en empoignant ses sacs d'une seule main. En passant devant le chien, elle ouvre l'autre main et laisse tomber un gros morceau de croissant. C'est encore agréable, à cette heure matinale, de marcher en ville. Il n'y a pas trop de monde, mais suffisamment pour vivre des expériences totalement inusitées, comme l'empoisonnement d'un chien saucisse. Elle descend la rue De Lorimier, tourne sur la rue Rachel et, en passant devant la Hotdogeria, elle réprime un petit rire.

• • •

La Boîte Noire. Le samedi soir est la soirée la plus ingrate à vivre lorsqu'on est célibataire. La ville vibre de tous ses pores; elle est possédée par les couples, ils sont partout, enlacés, dans les restaurants, au cinéma, sur les terrasses, pas possible de sortir seule dans un lieu public sans se sentir *nobody*, pitoyable, *reject*. Les mains dans l'eau de vaisselle, Sylvie tente de se consoler en repensant aux maîtres du chien-merguez, qui est peut-être mort dans son vomi à l'heure actuelle. Elle se remémore leurs échanges insipides, inspirés par une familiarité qui, inévitablement, engendre le mépris. Une tasse lui glisse des mains, tombe sur une assiette qui percute une coupe. Sylvie jette son torchon dans le bac rempli d'éclats de verre, saisit son sac et sort avant que les murs et la solitude ne l'écrasent. Il lui faut s'éjecter de son monde stérile et plein de la prétention de l'auto-suffisance. Il lui faut un film, l'issue de secours par excellence, la porte de sortie d'un monde sans relief et l'entrée d'un autre, coloré, aguichant. Elle arpente les rues animées en affectant une humeur allègre, elle feint l'insouciance en balayant d'un regard faussement intéressé les vitrines pleines d'objets inutiles. Elle a fait le test, avec les objets ; ça ne marche pas.

Au club vidéo, elle est accueillie par un employé dont le menton en galoche lui rappelle quelque chose, mais quoi ? Tout lui rappelle quelque chose, mais elle ne sait jamais quoi, c'est fatigant. Sa vie ressemble à un verre troué, elle a l'impression déplaisante de ne rien pouvoir tirer de tout ce qui lui arrive, comme si le résultat des événements, des expériences, des rencontres s'écoulait d'elle sans jamais arriver à colmater un espace positif, à la remplir un instant. Elle est comme le moment fugace qui suit le visionnement d'un film, juste avant que le sentiment qu'il procure ne s'évapore complètement.

Elle ignore ce qui lui ferait plaisir, ce soir. Le menton en galoche pourrait la conseiller, il a la gueule cinéphile-total. Il discute de manière agitée avec un gentleman plutôt séduisant. Ce dernier la regarde du coin de l'œil avec curiosité, comme s'il la trouvait jolie, ou intrigante. Elle lui rend son regard, ajoute un sourire et exécute une pantomime pour signifier à l'homme qu'elle désire parler à l'employé. Réussi. Il s'amène sans perdre une seconde, le menton par-devant tel un gouvernail. Il profite du fait qu'elle ne sait pas ce qu'elle veut pour l'emmener tout au fond, là où se trouvent les films d'horreur de série B. Pas du tout son truc. *Attack of the killer hot dogs*, *Attack of the tai-chi killer*, *Attack of the Saturday Night singles killer*. Elle relit les titres deux fois, il s'agit sûrement d'une blague. Excité, il lui propose d'autres boîtiers, décorés de créatures absurdes, tentaculaires, sanguinolentes. Il gesticule, sautille sur place, il adore ces films, il les a tous vus, il les reverrait, il va sûrement revoir l'un d'eux, pas plus tard que ce soir. Elle remercie le préposé, dont l'enthousiasme endiablé la met mal à l'aise, et abandonne l'idée d'un film. Elle feuillette un catalogue de photos de stars des années soixante, s'attarde sur le faciès d'Anthony Perkins. Quelle bouille prédestinée! Le gentleman s'approche d'elle, le pas feutré, tel un chat, un tigre. Quel flegme! Il semble sortir tout droit de la revue de célébrités. Elle réprime un frisson; l'air climatisé, elle déteste cela, surtout avec ce soutien-gorge mou et moulant. Elle serre le livre contre sa poitrine.

— Tu aurais un film à me proposer? Je suis à court d'idées, et mon copain, là, il est disjoncté, il vit dans un autre monde.

— J'ai cru remarquer.

— Alors je fais ça, je demande à des gens, c'est intéressant et souvent, on a d'agréables surprises.

— Moi aussi, je suis à court d'idées. Je ne suis même plus certaine de vouloir visionner un film.

— Pourquoi on n'irait pas prendre un verre ?

— Oui. Pourquoi pas ?

Il manquait cela à sa vie. De l'imprévu, se laisser aller. Finalement, de quoi se plaint-elle ? Son quartier déborde de possibilités pour les célibataires. Il suffit de sortir de chez soi. Ils marchent un peu rue Saint-Denis, n'arrivent pas à trouver une place à leur goût, c'est bondé partout, et bruyant, à l'intérieur comme sur les terrasses. Il lui propose d'aller à son appartement, pas très loin, près du parc Jeanne-Mance. Il fait chaud, ils pourront s'installer sur le balcon, regarder les gens déambuler puis retourner au club vidéo s'ils en éprouvent l'envie.

Rapidement, elle se sent soûle. Qu'y avait-il dans cette boisson acidulée qu'il lui a servie ? Sa tête tourne, ce n'est pas désagréable, elle est toujours si tendue, tellement sur ses gardes. Ses vêtements rejoignent ceux de l'homme sur le plancher de sa chambre, qui n'est meublée que d'un lit. Il la fait doucement tomber sur le matelas et la retourne, face contre l'édredon moelleux. D'une seule main, il enserre ses deux poignets et de l'autre... (c'est possible, elle a fait ça ce matin, elle a empoigné deux sacs d'une seule main et de l'autre, elle a servi un bout de croissant au chien. Qu'en est-il maintenant de ce chien ? Un si petit morceau...)... de l'autre main, il presse un oreiller sur sa tête. Elle ne voit pas l'utilité de se débattre ; de toute façon, ses membres ont pris la consistance de la ouate, ils sont mous mous mous, presque inexistants. Elle a l'impression d'être enfermée dans une sorte de boîte sombre, où commence soudainement la projection de sa journée en technicolor : le chien saucisse, le couple excité par l'étude du yaourt, le pantalon noir déformé par l'érection (justement, l'homme la pénètre, mais il ne s'agit peut-être que de son imagination, parce qu'elle ne sent presque rien, tout est si flou, à part les images qui s'accélèrent sur fond noir), le café, l'innocent croissant meurtrier, les éclats de verre dans l'évier, les vitrines débordantes de choses, le menton en galoche qui parle (d'elle ?) au gentleman, les cassettes de série B aux titres insolites, Anthony Perkins...

Une clameur étouffée lui parvient de la rue, la rumeur lointaine et ordinaire de la ville. On dirait qu'elle s'évapore tranquillement.

CADEAU D'ANNIVERSAIRE

❖

J'ai envie de tout laisser propre derrière moi. C'est important, la dernière impression. Quand ils arriveront, je ne veux pas qu'ils croient que je ne savais pas tenir maison. J'espère seulement que je n'aurai pas le temps de commencer à sentir. Je vais prendre un bain et enfiler ma robe rose et rouge, celle avec laquelle je voudrais être exposée et enterrée. Il faut égayer ça, ces événements, sinon tout le monde broie du noir. Je vais écrire une note, pour ça. De chaque côté du lit, je vais placer des lampions, mais je ne les allumerai pas, j'ai toujours eu peur du feu. La statue de la Sainte Vierge fera très joli, au pied du lit, avec mes belles roses en plastique tout le tour. J'espère que la poussière n'aura pas le temps de les salir.

Les enfants se portaient bien, aux dernières nouvelles. Carmen a un poste intéressant, elle a réussi à atteindre son objectif de pouvoir s'offrir tout ce qu'elle veut, du neuf. Son mari boit, d'accord, mais au moins, il ne la frappe pas. Ce n'est pas drôle pour un homme de gagner un plus petit salaire que sa femme, et d'être moins grand qu'elle, en plus. J'ai dit à Carmen de ne pas en rajouter et de porter des chaussures à talons plats, mais elle s'obstine à se percher sur des tours Eiffel. Quand elle était enfant, déjà, elle s'amusait à se déguiser avec mes vêtements. Elle marchait en chancelant sur mes talons aiguilles, elle disait : « Quand je serai une femme, je ferai hôtesse de l'air. Vous êtes bien installés, mesdames et messieurs ? Je l'espère, car nous allons décoller dans un instant et alors, il ne vous sera plus possible de réajuster vos sièges pendant les quarante prochaines heures ! » Elle s'esclaffait en roulant sur le sol, elle en remettait, une vraie comédienne. Aujourd'hui, sur la scène, on la paie pour se donner ainsi en spectacle, se rouler sur le sol et se tortiller autour d'un bâton, se contorsionner dans toutes sortes de tenues, plus ou moins habillée. Surtout moins. J'ai vu ça à la télé, un reportage sur des filles qui font ce métier. J'ai changé de chaîne, je me sentais indiscrète. Elle est en région, actuellement. Je me demande ce que fait son mari pendant son absence. Peut-être qu'il boit, pour ne pas se laisser aller à imaginer des scénarios, Carmen en train de le tromper avec un spectateur, ou avec son gérant. Je lui ai pourtant toujours dit : « Carmen, si tu dois coucher avec tout le monde pour faire ta place, c'est que ta place n'est pas là où tu penses qu'elle est. » Je n'étais pas sûre de ce que je disais, la philosophie, les idées, ça n'a jamais été mon fort. C'est certain qu'elle gagne mieux sa vie ainsi que comme caissière, mais j'ai peur que le bon Dieu lui demande des comptes le jour de son jugement, bien qu'il n'est pas censé juger. Je prie pour elle tous les jours, surtout les dimanches, et je la confesse à monsieur le curé. Il me demande des détails, il a l'air intéressé, je trouve ça louche. Il n'est jamais si intéressé par mes péchés à moi.

Je suis un peu plus inquiète pour René. La dernière fois qu'il est venu me voir, il y a deux mois, il m'a demandé de l'argent, comme chaque fois, pour aller faire son épicerie. Je n'en ai pas beaucoup, mais je ne veux pas qu'il quête dans la rue, alors je lui en donne. Il n'avait pas l'air en très bonne santé. Sa peau était étrange, on aurait dit une feuille de papier de riz. Je lui ai demandé s'il mangeait bien, il a ri. « Tu t'en fais pour rien, m'man. Je pète le feu ! » Je pense qu'il se drogue. J'ai vu ça à la télé, des jeunes avec les veines comme des serpentins sur les bras. Ils quêtent ou se prostituent. René porte toujours des gilets à manches longues. Il est si maigre. Bébé, il était tout joufflu. Mais il pleurait tout le temps. Il n'en avait jamais assez, il voulait toujours quelque chose. Je n'ai jamais compris de quoi il s'agissait au juste. Je vais laisser un chèque à son nom sur la table. Je l'attendais la semaine passée, il n'est pas venu, il n'a pas téléphoné. J'espère qu'il ne lui est rien arrivé.

J'ai passé un coup de fil à la compagnie du câble pour le faire débrancher. La dame était si gentille. Je lui ai dit que je déménageais, elle m'a demandé où, en pensant que je voudrais peut-être me ré-abonner une fois dans mon nouveau logement. Je lui ai dit que j'allais dans un endroit où il y a tout ce qu'il faut. Elle a dit c'est vrai, dans ces maisons pour personnes âgées, ils ont le câble et tout. Je ne pensais pas que j'avais l'air si «personne âgée» au téléphone. J'ai la voix enrouée, c'est vrai, je parle si peu souvent à voix haute.

J'ai réglé tous mes comptes, je ne veux pas laisser cela aux autres. Ils auront déjà assez à faire. Mon testament est en règle, ils n'auront qu'à vendre la maison et à se partager l'argent. J'ai mis une note spéciale, pour ne pas qu'ils se chicanent autour de ça. J'ai vu ça à la télé, des familles déchirées à cause d'un testament qui n'était pas clair et où un membre se trouvait plus gâté qu'un autre. Ça crée des engueulades à n'en plus finir. Au moins, tout ça leur donnera l'occasion de se revoir. C'est important, la famille.

Doudou a trouvé une bonne famille d'accueil. Un chat, du moment que ça mange et que ça dort, c'est heureux n'importe où. J'ai pensé l'emmener avec moi, mais je ne me sentais pas capable de décider pour lui. Il est encore jeune, il a de l'espérance de vie, et les chats, tout le monde les aime, ils ne restent jamais seuls longtemps. Ça s'aime facilement, un chat, ce n'est pas comme une personne âgée.

J'ai pensé écrire une lettre, mais je ne sais pas écrire, à part mes listes d'épicerie. Et puis les enfants n'aiment pas lire, de toute façon. Je ne les ai jamais vus un livre à la main, maintenant que j'y pense.

Maintenant que j'y pense... c'est mon anniversaire aujourd'hui. C'est fou, comment j'ai pu oublier ça? Si je n'avais pas fait débrancher le téléphone, il y aurait peut-être eu quelqu'un pour me le rappeler. C'est la première fois que je m'offre un voyage comme cadeau d'anniversaire. Je n'aurais jamais pensé voyager seule, un jour.

Câlin manqué

❖

Hier, on a eu notre cours d'éducation physique. Je déteste ça, j'ai toujours peur de me prendre un ballon dans le ventre ou de tomber de la poutre et de me fendre le front en l'accrochant au passage avec ma tête. C'est arrivé à Morgane l'année passée. Après l'accident, qui a fait jaser toute l'école pendant des mois, elle se coiffait avec une mèche sur le front pour cacher la cicatrice, mais depuis le succès de Harry Potter, elle dégage son visage, parce que sa cicatrice à elle est en forme de manche à balai et qu'elle se sent donc des liens de parenté avec lui. Elle ressemblait déjà à une sorcière, ça m'a achevée.

On nous casse les oreilles en nous répétant que c'est important de prendre soin de notre forme physique. Moi, je préfère muscler mon cerveau. Mon frère m'affirme que c'est ce qui compte le plus quand on est une fille, de nos jours. Quand j'essaie d'en savoir plus en lui demandant pourquoi alors les filles ne pensent qu'à être jolies et sexy, il me répond quelque chose de très savant, genre, ouvrez les guillemets : « Les gens passent leur temps à se pomponner et à s'habiller comme des cartes de mode parce que c'est devenu la seule manière de se faire remarquer, que veux-tu, ils ne comprennent plus l'importance de l'âme. » Moi non plus, je ne la comprends pas vraiment. Il ajoute, ouvrez les guillemets : « On devrait normalement reconnaître les gens à ce qui se dégage d'eux, j'ai lu ça dans un bouquin et je suis bien d'accord. Mais maintenant, à cause du marketing et tout, l'âme a disparu sous les couches superficielles ; elle a été remplacée par le dieu Silhouette ! » Je ne suis pas certaine de tout saisir, mais j'ai confiance en lui, il est très intelligent. Ça paraît, parce qu'on ne comprend pas tout ce qu'il raconte. Il utilise beaucoup de mots difficiles, il fait de longues phrases pleines de ponctuations sophistiquées.

Michel Cousin dit à la page 10 de *Gros-Câlin*, écrit par mon nouvel auteur préféré, Romain Gary (qui signe parfois ses livres Émile Ajar, je ne sais pas encore pourquoi, mais je vais faire des recherches), ouvrez les guillemets : « Je n'ai pas compris et j'en fus impressionné. Je suis toujours impressionné par l'incompréhensible, car cela cache peut-être quelque chose qui nous est favorable. » Je pense comme lui. Arnaud parfait mon éducation et m'apprend des choses qui me serviront plus tard, des choses capitales qu'on ne nous montre pas à l'école.

Parlant d'école, justement, on ne peut pas dire que j'ai la cote de popularité. Je suis classée dans la catégorie des Marité, une fille qui ne parle à personne et sourit les lèvres pincées, comme si elle voulait garder ses dents pour elle toute seule ou cacher quelque chose de grave. Elle trimballe une jambe plus courte que l'autre, alors je suis gentille avec elle. Bon, de toute façon, les autres ne voudraient pas de moi dans leur groupe *cool*. Je ne porte pas de vêtements griffés, mes oreilles, mes sourcils et mon nombril ne sont pas percés, et je ne teins pas mes cheveux. Mon grand frère me dit que c'est justement parce que je ne singe pas les autres que je suis singulière; c'est possible, mais pour ce qui est de faire partie d'un clan, la recette, c'est d'être plurielle. Il m'a déjà dit, ouvrez les guillemets : «Que je te voie t'attifer comme ces connes de vidéo-clips ou de magazines et je te mets à la porte!» Il dit ça pour rire, c'est sûr. Il se prend pour mon père, parce qu'on n'en a pas. Arnaud a seize ans, cinq de plus que moi. C'est lui qui a la charge de la maison : cuisiner, faire semblant de nettoyer et tout, le temps que maman revienne de l'hôpital où elle s'est fait opérer pour se faire «tout ôter», comme elle dit. Je me demande bien de quoi elle aura l'air à son retour, s'il ne lui reste plus rien.

Arnaud me dit souvent que je suis *cute*, en sortant mon t-shirt de mes jeans pour le faire pendre sur mes fesses. «C'est plus *cool* comme ça, quand ça dépasse de ton chandail, t'es *cute* au boutte de même. Si t'étais pas ma sœur, je t'inviterais à manger une frite.» Il dit ça en riant et il m'invite à manger une frite. Et il parle sans arrêt, je peux finir son hamburger pendant qu'il me raconte le dernier livre qu'il a lu. En ce moment, il lit *Siddharta*, d'un monsieur Herman Hesse, un livre « très mystique ». Ça parle du cheminement d'un homme qui s'est éloigné de sa vérité et qui part au diable vauvert pour la retrouver. Arnaud dit qu'il veut ça aussi, trouver la vérité qu'il porte en lui. Il est beau quand il parle de ces choses profondes, ses yeux brillent, sa grande bouche va dans tous les sens, s'il n'était pas mon frère, j'aurais envie de l'embrasser, même si je n'ai jamais embrassé personne. Il faut bien commencer par quelqu'un. Des fois, quand il n'est pas là et que je dois compter sur moi-même pour me donner de l'affection, je fais comme Michel Cousin, je me serre dans mes bras. Ce n'est pas pareil, c'est sûr, et surtout, je n'ai pas les bras très longs, alors je ne fais pas le tour de moi, mais c'est mieux que rien. Je frissonne en pensant comment ça doit être de se faire encercler par un python, parce que Cousin, lui, il se fait donner des câlins par son serpent qu'il a appelé Gros-Câlin et tout le monde dans le livre trouve ça un peu ridicule, mais moi je pense que c'est un nom très joli d'autant plus que c'est sûrement le seul serpent au monde qui a été baptisé ainsi. C'est original.

Grâce à Arnaud, j'ai pris goût à la lecture et je lis spécialement entre les cours, pour ne pas avoir l'air trop toute seule. Pendant que les autres filles comparent leur vernis à ongles en parlant des gars, du dernier CD de Britney ou du *piercing* qu'elles désirent, je lis dans mon coin. Elles ne s'occupent pas de moi, elles ne rient pas de moi, ça me va. Marité aussi lit beaucoup, mais elle en est encore au «Club des cinq». Enid Blyton, je suis passée au travers de tous ses livres avant d'avoir huit ans. Elle m'a demandé hier ce que je lisais. Je lui ai montré mon *Gros-Câlin*. Elle a examiné avec une moue le dessin de la couverture, un joli reptile tout coloré qui écarquille de grands yeux étonnés, et elle a dit avec une autre de ses super-moues-la-bouche-fermée: «Hein? Tu lis des livres d'enfants? *Gros-Câlin*, c'est pas un peu bébé pour ton âge?» Je n'ai pas soupiré, parce qu'elle me fait un peu pitié. Je lui ai dit que j'allais le lui prêter quand je l'aurais fini, qu'elle juge d'elle-même. Elle a dit «non merci» en me montrant son *Club des cinq en vacances* et elle est partie en boitillant. Mon frère m'a dit de ne pas la forcer à aller plus vite qu'elle ne peut, que je pourrais «la traumatiser et la faire régresser». Il parle vraiment de façon bizarre, Arnaud. Je pense qu'il veut seulement dire qu'elle ne comprendrait pas le livre, c'est tout. Je ne vois pas ce qu'il y aurait de dangereux, vraiment. Il me les donne bien à moi, ses livres d'adulte.

Moi aussi, comme Michel Cousin, j'aimerais avoir un animal domestique qui s'enroulerait autour de moi par affection physique. Cousin, quand il a acheté une souris pour nourrir son serpent, il s'est attaché à la souris. Alors il est allé chercher un cochon d'Inde, mais le cochon d'Inde s'est attaché à lui et vice-versa, ça devenait compliqué, car le python n'avait pas mangé depuis un mois. Je ne sais pas encore comment il va régler ça, parce que je suis seulement rendue à la page 45. En tous cas, vu d'ici, ça semble très facile de trouver un ami dans la personne d'un animal, plus que dans la personne d'une personne. J'ai souvent envie de demander à Arnaud de rester à dormir avec moi pour l'affection nocturne, mais je pense que ça ne se fait pas, même s'il n'a pas de petite amie.

Ce soir, puisqu'on est jeudi, on est censés passer la soirée à jouer au Skip-Bo et à lire en écoutant de la musique, ça me plaît. On se fera venir du chinois ou autre chose qui se mange tout seul. Je ne dis jamais non aux propositions d'Arnaud. Il sait organiser les choses. Je l'ai attendu jusqu'à cinq heures trente. Je lisais mon Romain Gary, un œil sur la page et l'autre sur la porte et je commençais à avoir peur qu'il soit arrivé quelque chose ou de finir par loucher. Tout à coup, j'ai entendu des pas et Arnaud est entré en souriant bizarrement. Une fille le suivait, elle souriait aussi bizarrement en tripotant un sac à main gros comme une punaise. La mauvaise humeur m'est tombée dessus d'un coup. Je n'ai pas souri du tout, d'autant plus que j'étais affamée et sur le point de me condamner à ouvrir une boîte de Kraft Dinner, le dernier recours selon Arnaud.

— Tu parles d'une heure pour arriver! J'étais morte d'inquiétude, moi!

J'aurais pu choisir une formule plus originale, nounoune, mais ma langue ne m'avait pas consultée avant;

ils ne coopèrent pas toujours, elle et mon cerveau, quand je suis énervée. J'ai trop regardé de mauvais téléromans américains pour apprendre mon anglais; les femmes en bigoudis crient souvent ça à leurs maris quand ils arrivent en retard et qu'elles pensent qu'ils étaient avec d'autres femmes bien peignées. Finalement, elles ne se trompent pas. Le mien était bien avec une autre femme. Je ne me suis pas levée. La fille était tellement trop belle, une fille de magazine pleine de couches superficielles, avec des cheveux trois couleurs, une mini-jupe en peau de kangourou, des souliers faits pour être beaux et non pour marcher. Je n'en revenais pas. Moi avec mon vieux t-shirt de *South Park* étiré à force de se faire sortir de mes jeans par Arnaud et mes bottes pesantes à grosses semelles Appolo XII conçues pour marcher sur la Lune, je me sentais comme Marité doit se sentir : boiteuse.

Arnaud a été gentil. Il a fait comme si je n'avais rien dit et il est venu me donner un bec, même si j'étais raide comme un piquet et qu'il a dû se pencher presque jusqu'à terre pour attraper ma joue. J'étais restée allongée sur le divan, je simulais la décontraction parce que ma remarque de téléroman à trois piastres m'avait un peu auto-humiliée. La belle fille me dévisageait avec une espèce d'admiration dans son regard *full* mascara, comme si je sortais de *Une Galaxie près de chez vous*, bottes et tout. Je me demandais ce qu'Arnaud avait bien pu lui dire de moi, qui elle était et si elle allait partir ou rester là.

J'ai oublié son nom dès qu'il me l'a présentée, mais elle, elle a eu l'air de se rappeler le mien, parce qu'elle le ramenait à la fin de chacune des phrases qu'elle m'adressait. Il n'y a rien qui m'agace plus que cela. Je le sais que mon nom c'est Joanie, pas besoin de le radoter au bout de chaque ligne. En trois minutes, probablement le temps qu'elle s'était alloué pour m'acheter et/ou se vendre, elle m'a complimentée sur tout ce qu'elle a pu : mes lectures, mon habillement, ma coiffure (je ne me peigne jamais), mes goûts musicaux (j'écoutais un CD de King Crimson quand ils sont arrivés), mes si chouettes bottines. Elle voulait vraiment que je l'aime, quoi. Je lui ai dit qu'elle ressemblait à Kate Moss, elle a répondu en souriant qu'elle se demandait si c'était un compliment. Elle souriait vraiment bien, elle avait dû suivre des cours spécialisés dans le maintien de la bouche. Je lui ai dit peut-être que oui, peut-être que non, à elle de juger. Arnaud m'a envoyé un haussement de sourcils furieux, alors j'ai dit que bien oui, voyons, Kate Moss était parfaite même si légèrement anorexique et droguée et j'ai encore eu droit au coup des sourcils.

On a mangé du Kraft Dinner, assis en sauvages sur le beau tapis persan que maman a tellement peur qu'on salisse avec nos bottes qui ramassent toutes les cochonneries dehors. Il faut toujours en faire le tour sous peine de se faire crier après. Arnaud ne devait plus avoir toute sa tête pour oublier ça. La fille a allumé une chandelle qu'elle a déposée en plein milieu du tapis, puis elle a mis un CD qu'elle avait apporté, Sigur Ros, un groupe islandais qui doit faire planer quand on est amoureux. En tous cas, moi, je ne planais pas, je me forçais juste à ne pas me mordre l'intérieur des joues en mangeant. Arnaud a dit à la fille qu'elle était géniale, tout ça parce que madame *À la Di Stasio* avait ajouté une boîte de tomates aux nouilles et râpé une carotte en accompagnement, pour plus de vitamines. Ça donnait toute une bouillie liquide qui risquait à tout moment de se déverser sur le tapis. Je n'ai pas dit que je trouvais ça meilleur, même si ça l'était. J'ai demandé à Arnaud si notre projet de Skip-Bo tenait toujours. Il a eu l'air un peu embarrassé et il a répondu qu'il avait un travail d'équipe à terminer pour demain avec la fille, mais que s'ils finissaient assez tôt, ils pourraient envisager une petite partie. *Ils.* J'ai dit bon, de toute façon, je voulais continuer mon *Gros-Câlin* et qu'ils me sonnent si jamais et blablabla. J'étais vraiment mécontente et les Sigur Ros commençaient à me grignoter sérieusement les nerfs avec leurs voix haut perchées. En d'autres circonstances, j'aurais aimé ça, toute seule avec Arnaud et nos livres, pieds contre pieds dans le sofa moelleux, mais pas là. Même mes bottines m'écœuraient, j'avais envie de les offrir à la fille puisqu'elle les trouvait « si chouettes ».

Je suis montée à ma chambre pendant que les deux lavaient la vaisselle. Je pouvais les entendre rigoler, la fille surtout. Arnaud est un vrai clown, il pourrait faire rire une poêle à frire. Son rire sonnait comme les clochettes au cou des vaches d'un troupeau complet. Il prenait la place du mien. Je me suis prise dans mes bras et je me suis serrée très fort, mais ça ne m'a pas consolée. Je les ai entendus monter l'escalier à pas de loup, je me suis serrée plus fort, mes doigts pouvaient presque se rejoindre. Il a tiré sa porte très doucement, comme s'il n'avait pas voulu que je constate qu'il s'enfermait avec la fille. Il ne ferme jamais complètement sa porte, d'habitude. Qu'est-ce que j'en avais à cirer, au fond ? Moi, j'habitais ici, elle, elle allait bien devoir partir à un moment ou à un autre, le plus tôt possible, qu'on la joue tranquille et en famille, notre partie de Skip-Bo.

À neuf heures, tannée d'attendre et d'espérer, je me suis mise au lit sans avoir réussi à me concentrer sur une seule ligne de Romain Gary. Aucun bruit ne parvenait de la chambre d'Arnaud. J'ai pensé : j'ai dû m'assoupir, la fille est partie, Arnaud dort. Je me suis levée et sur la pointe des pieds, j'ai glissé comme une espionne jusqu'à la chambre de mon frère. J'ai ouvert doucement. Les fesses blanches d'Arnaud luisaient à la lueur d'une chandelle en forme de chameau que je lui ai offerte pour Noël, elles ondulaient au-dessus du corps de la fille. Ça m'a tuée. J'ai poussé un petit cri étouffé, pas exprès, je le jure. Arnaud a tourné sa tête vers moi, pas énervé du tout. Il m'a regardée avec dans les yeux un quelque chose que je ne lui avais encore jamais vu. Ils exprimaient une gentillesse différente de sa gentillesse habituelle. Il a mis un doigt sur sa bouche en mimant «Chut !» Il ne semblait pas du tout fâché, il avait même l'air de m'aimer, de ne pas m'en vouloir d'être là. La fille ne se rendait pas compte que pendant qu'il bougeait sur elle, il communiquait avec moi. Ses yeux étaient fermés, elle aurait pu être morte et pourquoi pas, ça ne m'aurait pas dérangée d'aider Arnaud à l'enterrer dans le jardin sous le tas de compost. J'ai fini par défiger et j'ai reculé vers ma chambre, avec l'image désagréable des yeux d'amour d'Arnaud imprimée dans mon cerveau. Ça me faisait mal, mais pas si mal parce que ça avait comme gelé en dedans de moi. Tout ce qui m'inquiétait pour l'instant, c'était le lendemain, de quoi il allait être fait, de quels mots, quels regards, quelles odeurs. Serions-nous tous les deux seuls comme d'habitude ou me faudrait-il compter avec la fille? Devrais-je apprendre à prononcer son nom sans m'esquinter la langue? Je me suis serrée sans ménagement et j'ai fini par m'endormir dans le creux de mes bras. Pour dormir, je n'ai jamais de problème.

Je me suis quand même réveillée avec un bouton de nervosité sur le nez. Arnaud sifflotait en brassant les chaudrons, trop de bonne humeur. J'ai fait ma toilette et je suis descendue en comprenant le fantôme qui craint d'en rencontrer un autre. Il était seul, à préparer *trois* œufs au miroir. Il m'a saluée en agitant la spatule, sans remarquer que j'avais enfoui mon t-shirt dans mes jeans. Pas de trace de la fille, j'avais rêvé. Non. Elle a émergé de la salle de bain connexe au salon en frottant ses cheveux courts avec *ma* serviette et elle m'a lancé un «bonjour» retentissant comme si sa survie en dépendait. Je ne suis pas sourde et le matin, je n'aime pas qu'on me crie dans les oreilles. Je n'aime surtout pas avoir une étrangère en face de moi, qui plus est si elle utilise mes affaires. Alors j'ai pris une brioche que j'ai enfouie dans mon sac d'école avec quelques fruits et j'ai dit à Arnaud que je partais plus tôt ce matin, tant pis pour mon œuf ça leur en ferait un et demi chacun. Il n'a pas sourcillé, lui qui me chicane toujours quand je ne mange pas suffisamment avant mes cours. Je suis partie sans l'embrasser en espérant qu'il s'en apercevrait. Mais il était trop occupé à disposer artistiquement dans une assiette le bon déjeuner de mademoiselle, plein de vitamines et de protéines.

On avait volley-ball pour le cours d'éducation physique. Je ne raffole pas plus des sports d'équipe que du reste, sans compter que je suis toujours la moins bonne dans le groupe. Les jeux de raquettes me plaisent davantage, on n'y est responsable que de soi et la défaite est moins humiliante que lorsqu'on fait perdre une équipe au complet. Malgré tout, ce matin-là, je le sentais bien, le ballon, tellement que j'ai fait un *smash* du tonnerre qui normalement aurait dû me valoir des tas de points bonis d'estime de la part de mes co-équipiers, sauf que j'ai envoyé le ballon en plein dans l'œil de Morgane, qui me provoquait de l'autre côté du filet avec sa marque de commerce imprimée dans le front. Mon coup de maître est totalement passé inaperçu, enterré sous le concert de ses gémissements à la Sigur Ros. Elle n'en finissait plus de brailler qu'elle était devenue aveugle, au secours, ah! la vache! Elle en rajoutait; un peu de beurre noir autour de l'œil n'a jamais tué personne à ce que je sache. Elle aurait dû se considérer chanceuse qu'il ne s'agisse pas d'une balle de squash. Je suis restée plantée au milieu du terrain, les bras croisés pendant que ses groupies s'attroupaient autour d'elle en pleurnichant aussi fort. Ça faisait un sacré boucan.

À l'heure du dîner, Marité est venue s'asseoir avec moi, son «Club des cinq» à la main. Je tenais mon Romain Gary sans le lire, je n'en avais plus envie. Cette histoire de pauvre gars qui vit si esseulé avec son python et essaie de conquérir la trop belle fille en mini-jupe commençait à me saper le moral. Il me ressemblait trop. Moi non plus, je n'avais pas d'amis, je n'avais qu'Arnaud qui lui sortait maintenant avec une fille et une mini-jupe en prime. Je me sentais vraiment à côté de la plaque.

— Marité, tu veux venir chez moi, ce soir? On pourrait jouer au Skip-Bo.

— Oui, d'accord.

Il faut croire que Marité aussi était désespérée, elle avait dit «ouid'accord» comme si elle craignait que les deux mots ne veuillent se sauver l'un de l'autre. Elle m'a souri pour la première fois en montrant ses dents, de toutes petites dents de bébé lapin avec des palettes légèrement incurvées. Elle semblait vraiment contente, je ne l'avais jamais vue si réveillée, elle ressemblait à

Gros-Câlin sur mon livre, les yeux tout ronds. Il fallait que je montre à Arnaud que je pouvais très bien me passer de lui, que je ne couvais pas une «dépendance affective». Il m'avait déjà parlé de ça, cette maladie dont souffrent les femmes qui aiment trop ou de travers, je n'ai pas bien compris. Il paraît qu'on a écrit des centaines de livres sur le sujet et qu'ils racontent tous la même chose, mais que ça n'aide apparemment personne parce qu'il faut en publier sept nouveaux chaque année.

Après les cours, je suis allée visiter maman à l'hôpital. Arnaud était là, encore avec la fille. Elle le tenait tellement fort par la main que ses jointures étaient blanches. J'ai imaginé ses doigts tomber l'un après l'autre et Arnaud qui vomirait en constatant qu'il ne tenait plus qu'un moignon. Ils étaient scotchés ensemble, ma foi. La fille ne pouvait sûrement plus se tenir debout toute seule. La dépendance affective l'avait attrapée. J'ai dit «Bonjour maman, bonjour Arnaud» et la fille a dit «Bonjour Joanie» avec sa voix de vendeuse qui veut absolument vous passer son produit. J'ai déjà magasiné dans les boutiques d'affaires *cheap*, je sais comment elles sonnent, les vendeuses. Maman a vu à mon air bête que quelque chose n'allait pas, mais comme elle n'est pas aussi bête que moi, elle a tout de suite compris de quoi il s'agissait. Elle a pris ma main et m'a dit qu'elle rentrait bientôt à la maison, qu'il y avait eu quelques complications mais rien de grave. La fille me souriait; elle ne voyait pas que ses sourires ne m'intéressaient pas, moi ? Je lui aurais planté le soluté de maman dans les narines.

— Dis donc, *Jo*, as-tu envie qu'on soupe ensemble ce soir puis qu'on joue une partie de Skip-Bo ? Arnaud m'a dit que tu étais très forte.

Un : je n'aime pas qu'on me parle comme si j'étais un bébé. Deux : je n'aime pas qu'on soit gentil avec moi quand je ne suis pas disposée à être gentille. Trois : je me sentais très très pas gentille. Trois et demi : je déteste qu'on m'appelle Jo. Quatre : c'est clair, elle voulait s'assurer que maman la trouverait gentille.

— Je peux pas, j'ai déjà quelque chose de prévu avec une *amie*.

J'ai appuyé sur le mot *amie*, comme si je voulais en faire de la compote. Évidemment, je n'ai pas précisé de qui il s'agissait. Arnaud a fait son coup du sourcil sceptique.

— Ah bon, quelle amie ?

— Une fille de l'école. Elle aussi, elle lit beaucoup. *On va parler littérature*, tu vois, pas le temps de jouer.

— On aurait pu faire une partie en équipe, enfin, si vous avez un moment, entre deux manches de votre débat littéraire.

Il insistait un peu trop. Il voyait très bien que je beurrais épais et maintenant, il venait de remarquer que je portais mon t-shirt à l'encontre de ses goûts vestimentaires. Il a lâché la main de la fille, qui a chancelé, déjà atteinte de la maladie, la pauvre, et il m'a pris par le bras pour m'entraîner dans le corridor. On s'est assis dans des chaises roulantes qui traînaient là. « Elles sont confortables, ces chaises », j'ai dit à Arnaud en pivotant de droite à gauche sur les roues. Le néon grésillait au-dessus de nos têtes et nous faisait un teint jaune, on se serait cru dans un film d'épouvante. Avec mes cheveux gras et mon bouton de nervosité sur le nez, ça devait être le bouquet. Des préposés pâles et fatigués s'affairaient autour en nous zieutant avec curiosité. Ils espéraient une chicane de famille, pour les divertir.

— Qu'est-ce que tu as, toi ? Tu es jalouse, c'est ça ?

Je l'ai déjà dit, il est très intelligent, mon frère. Il ne se gêne pas pour dire les choses comme elles sont, même s'il y a du monde autour.

— Tu penses que j'aime ça te voir les fesses à la chandelle alors qu'on est censé jouer ensemble ?

Il s'est pincé les lèvres. Je ne pourrais pas le jurer, mais je crois qu'il a rougi. Il a pris son temps pour répondre. Avant, il a sorti mon t-shirt de mon pantalon. Je l'ai laissé faire, en tripotant les roues de la chaise pour lui rendre la tâche difficile. Je me retenais pour ne pas pleurer.

— Tu crois que mon cœur est pas assez grand pour toi et une autre personne ? C'est ça ? Tu penses que parce que Béa est là, je ne t'aime plus ? Tu sais quoi ? Ça fait déjà un mois qu'on se fréquente, tu ne le savais pas, hein ? Est-ce que j'étais différent avec toi depuis ce mois, avant que je me décide à l'emmener à la maison ? Tu penses que j'y ai pas pensé, avant ?

Je ne savais pas quoi dire, je me sentais bête, encore une fois. J'étais déchirée entre me jeter dans ses bras ou continuer à ne rien dire. Je ne voulais pas le perdre et je ne voulais pas le laisser en entier à une autre fille. *Béa*. Si je disais que c'était correct pour la fille, je conserverais peut-être mon petit coin garanti. Si je disais non, je risquais de ne plus rien avoir. Arnaud choisirait la fille et notre amour serait brisé à tout jamais. Il ne me conseillerait plus de livres à lire, il ne jouerait plus avec moi, il s'enfermerait tout le temps dans sa chambre, avec et sans elle. Et le pire, il me traiterait comme une dépendante affective et il me glisserait en douce des bouquins sur le sujet.

— Prends le temps d'y penser. Et dis-toi que je t'aime autant qu'avant et que l'amour que j'ai pour toi n'a rien à voir avec celui que j'ai pour Béa.

— C'est certain. Avec moi, tu ne te promènes pas les fesses à l'air.

Il a placé ses sourcils en accents circonflexes, ce qui était mauvais signe, il valait mieux m'éloigner. Je me suis extirpée de la chaise, qui a percuté la sienne, et je me suis dirigée comme une perdante vers la sortie en refoulant mes larmes. J'ai marché jusqu'à la maison en sachant très bien que j'avais tort, mais je ne pouvais pas faire autrement. Je ne voulais pas partager Arnaud. Je voulais l'enrouler autour de moi, tellement fort que personne ne pourrait s'insérer entre nous.

Marité est arrivée à l'heure exacte. Elle devait attendre sur le pas de la porte en fixant sa montre de manière à sonner seulement quand la trotteuse aurait atteint le douze. Elle était habillée différemment, un look *cool* qui ne ressemblait pas du tout à la Marité de l'école. Elle portait des jeans troués, un t-shirt qui s'étirait par-dessus la ceinture et des baskets usées. Ses cheveux s'étendaient sur ses épaules, juste assez mêlés. On aurait pu être sœurs. Ça m'a fait un sacré choc.

— Salut ! Je suis pas trop en avance ? C'est beau chez toi, dis donc, tout est antique ! Wow !

Elle a déambulé dans le salon en touchant l'armoire, la table basse, le vieux sofa qui appartenait à papa et maintenant recouvert d'une couverture en chenille, la bibliothèque, la lampe avec un pied en forme de cygne. Elle caressait chaque chose du bout des doigts avec délicatesse, comme si tout était cassable. Elle s'est retournée vers moi et m'a souri timidement en montrant ses dents de lapin. Ses yeux brillaient.

— Je n'ai pas d'amie.

Je ne savais pas quoi répondre. Moi non plus ? Veux-tu être mon amie à moi ? Je suis disponible ? Elle n'a pas attendu ma réplique et s'est assise par terre sur le tapis persan en fouillant dans son gros sac d'armée. Elle en a sorti *Gros-Câlin* et l'a brandi devant mes yeux. Ça m'a donné un drôle de frisson.

— Je l'ai emprunté à la bibliothèque cet après-midi. J'en ai fini avec Enyd Blyton. C'est un peu jeune pour mon âge. Je l'ai commencé, j'aime ça, mais c'est triste au fond, non ? Je veux dire ce gars, avec son python.

Comment peut-on être seul au point de s'amouracher d'un python?

— Je sais pas. Je... tu... tu veux jouer au Skip-Bo?

— T'as pas un jeu de Scrabble? Le Skip-Bo, c'est le fun, mais c'est un peu facile. Il paraît qu'on y joue beaucoup dans les maisons de retraités, c'est papa qui m'a dit ça. Nous, on préfère le Scrabble. Tu as déjà joué, oui?

J'étais abasourdie. Elle s'est levée et a enlevé son chandail de laine. Elle portait un t-shirt de Nirvana. Ça m'a achevée. Puis tout a été très vite. Je lui ai montré ma collection de disques compacts, la bibliothèque d'Arnaud et l'étagère des livres que j'avais lus, je l'ai laissée toucher mon exemplaire de *L'Attrape-Cœur* dont j'ai moi-même renforcé la reliure pour être certaine qu'il ne s'use jamais. Elle a lu avec intérêt les titres de toutes nos cassettes vidéo de vieux films d'horreur en me demandant si elle pouvait m'emprunter *Le retour de la momie*, je lui ai présenté une par une et par leurs petits noms — Élise, Carmel, Éliane — les plantes dont je m'occupais et on a fini par ma chambre. Elle s'est épatée devant mon poster de David Usher et mon couvre-lit des Simpson, s'est dépêchée d'essayer mes si chouettes bottines et quand j'ai vu que mon veston en velours côtelé caramel lui plaisait tant, je le lui ai offert. Ses yeux sont devenus tout mouillés.

— C'est la première fois qu'une amie me fait un cadeau. Tu es ma première vraie amie.

C'était si simple que cela, se faire une amie? La boiteuse aux dents de lapin était plus *cool* que moi. Elle jouait au Scrabble, lisait maintenant Romain Gary, portait Nirvana sur sa poitrine sous mon jacket caramel et décidait qu'on était des amies. Je n'en revenais pas. J'ai entendu Arnaud qui claquait la porte. Il ne claque jamais les portes, il hait les gens qui ne contrôlent pas leurs bras lors de la fermeture des portes.

— C'est ton frère? On m'a dit qu'il est beau, c'est vrai? Est-ce qu'on va le voir? Il jouerait peut-être au Scrabble avec nous?

— Penses-y même pas. Il est cloué avec une fille. Mais je m'en fous, *maintenant*.

C'était vrai, je m'en fichais.

— Pourquoi?

— Parce que. Chut, il monte.

— Joanie, t'es là? Ah, salut. Tu es Marité, je suppose?

— Oui.

Marité écarquillait les yeux. Il est pas mal, Arnaud, mais tout de même. D'autant plus qu'il avait l'air de s'être fait taper dessus. J'étais presque contente. J'allais très bien, tout à coup. Il a remarqué que Marité portait le jacket qu'il m'avait donné un mois plus tôt, son jacket que je l'avais supplié de me céder. Il n'a rien dit. Ça valait mieux.

— Ta copine n'est pas avec toi, ce soir? Vous avez fini votre travail d'équipe? Pourtant, vous n'avez pas beaucoup travaillé, hier soir, à ce qu'il m'a semblé.

— Bon, ça suffit, le sarcasme. Réjouis-toi, on n'est plus ensemble. Après ta sortie de l'hôpital, elle est venue me dire que ça n'irait pas.

— Ah bon? Pourquoi?

— Questionne-toi. Amusez-vous bien, moi j'ai des trucs à faire. Et tu sais quoi, *Jo*? J'y tenais beaucoup, à cette fille.

Marité se mangeait l'ongle du pouce en fixant le tapis. Un silence d'une tonne s'est abattu sur nous et j'ai senti un serpent s'enrouler serré autour de mon estomac. J'ai pourtant fait l'innocente et l'ai invité à se joindre à nous pour une partie de Scrabble, parce qu'on jouait au Scrabble maintenant, plus au Skip-Bo. Il a soupiré. Il semblait avoir de la peine, ça m'a un peu tuée, mais il l'avait bien cherché. S'il avait fait le bon choix, tout serait demeuré comme avant. Tant pis. Il est allé s'enfermer dans sa chambre comme si c'était pour toujours. Quelques minutes plus tard, on a senti une odeur d'herbe et j'ai dit à Marité que c'était de l'encens. Je savais bien ce que ça voulait dire: il s'était «éloigné de sa vérité». Fermez les guillemets, point final.

J'ai commencé à voir Marité presque tous les soirs, chez moi ou chez elle. On parle de nos lectures, on s'échange des disques et des vêtements, parfois je reste à coucher chez elle, avec elle dans son lit double. On placote pendant des heures, calées dans de gros oreillers de plumes. Une fois la lumière éteinte, c'est à la première qui dit : « Fais-moi un gros câlin » et l'autre s'exécute. On s'enroule l'une sur l'autre et on tombe dans la guimauve. Des fois, je rêve d'Arnaud, mais ce ne sont jamais des rêves très agréables, alors je les efface de ma mémoire. Il faut apprendre cela, si on veut être heureux, dans la vie. Et, bien entendu, trouver la vérité qu'on porte en soi. Elle ne se rencontre pas dans les livres, il faudra que je le dise à Arnaud, s'il finit par sortir de sa chambre.

Cellules en l'air

❖

Je suis morte à la suite d'une collision frontale. De vélo à vélo, face à face, guidon contre guidon. Ce genre d'accident est rarissime, j'aurai sûrement droit à une petite colonne dans les faits divers des journaux, du style : « Une cycliste encornée par un guidon ».

Encore hier, une amie me disait que j'étais imprudente de rouler à vélo entre les voitures ; mais voilà, quand c'est arrivé, je me trouvais sur une piste cyclable à deux voies, de quoi lui en boucher un coin. Elle est une adepte des transports en commun. Moi, je me suis toujours refusée à attendre comme une poire paralytique l'arrivée d'un autobus bondé où on doit se colleter avec de mauvais parfums, de mauvaises humeurs, de mauvaises vibrations émanant de gens coincés les uns contre les autres, à la merci de la houle causée par les nids-de-poule sur la chaussée. La dernière fois que j'ai pris le métro, une panne causée par un homme qui s'était jeté sur les rails à l'heure de pointe a immobilisé notre train pendant une heure. D'un même mouvement, tous les passagers ont farfouillé dans leurs sacs ou leurs poches pour en extraire des téléphones cellulaires. Si les ondes passaient dans les souterrains des métros, j'aurais été cuite pour me farcir une cacophonie de cacassements exprimant l'impatience, le mécontentement, toute la gamme des sentiments négatifs. Chacun couvait l'espoir de posséder *le* cellulaire, celui qui parviendrait à rejoindre le monde hors terre, contredisant toutes les probabilités. J'observais ces regards consternés retournés sur eux-mêmes, ces lèvres tordues par l'anxiété ; aucun de ces visages ne souriait ni de la bouche ni des yeux, occupés qu'ils étaient à composer en vain ces numéros, torturés par l'idée d'un retard. En tripotant mes gants, je me suis demandé si j'étais une des dernières humaines à ne pas posséder de cellulaire, puis j'ai adopté le mode zen. Je déteste les transports en commun, comme tout ce qui est en commun, d'ailleurs. Je suis une individualiste. Enfin, je l'étais.

Mon casque de protection s'est scindé en deux morceaux bien nets lors de l'impact avec l'asphalte. L'autre protagoniste, un gars dans la vingtaine coiffé d'une casquette Harley-Davidson, visière sur la nuque, a été projeté contre une haie au-delà de la chaîne de trottoir, ce qui a amorti son choc et n'a pas déplacé sa casquette d'un poil. Il s'en est bien tiré : une prune de la taille d'une pièce de vingt-cinq sous sur le front, quelques égratignures pour égayer les tatouages de ses bras, une expression hébétée sur sa figure lorsqu'il a vu mon sang se répandre sur la chaussée et un léger traumatisme psychologique comportant une mince somme de culpabilité que je souhaite galopante, exponentielle et incurable. Il ne regardait pas où il allait, nul besoin de le préciser, tenait son guidon d'une seule main, complètement *stone*, et effectuait une transaction de marijuana en hurlant dans son portable. Lors de la collision, son cellulaire est tombé par terre et a été écrasé par la roue du troisième vélo, qui m'a percutée par derrière. J'ai entendu le bruit du téléphone qui se cassait contre l'asphalte juste avant de perdre conscience. Plusieurs longues minutes se sont écoulées avant que les ambulanciers viennent ramasser mon corps disloqué, disposé sur le sol dans un angle grotesque, brisé. Une petite foule compacte s'est amassée autour de moi, une trentaine d'yeux désolés me scrutaient avec curiosité, j'espérais ne pas être trop défigurée. Je les voyais d'en haut, ces gens qui semblaient si émus par ma mort mais qui, au fond, étaient surtout apeurés par la leur, je sentais leur peur suinter de chacune de leur pensée; la vision de mon corps inerte leur renvoyait la probabilité de la fin de leur propre humanité et pourtant ils restaient là, fascinés, espérant peut-être une résurrection. Ils formaient une mosaïque mouvante et émouvante. Je n'avais jamais été l'objet d'autant d'attention de mon vivant.

Dans le couloir où j'attends mon verdict, à savoir si je vais tout droit au paradis ou si je dois d'abord effectuer un séjour au purgatoire, se trouve une file composée de gens très variés, un échantillon de la race humaine comme on en voit rarement, du fait que chacun est vraiment amoché. Cette femme, par exemple, vêtue d'une robe de prix au décolleté impressionnant et dont un côté du visage ressemble à un dessin de Picasso, a été écrabouillée contre un mur de béton sur l'autoroute Métropolitain par un camion plus long qu'un train de marchandises. Elle se rendait à un cocktail donné en l'honneur de son mari, un riche promoteur immobilier qui la trompait depuis dix ans mais dont elle n'arrivait pas à se séparer, à cause de ces jolies robes dont il la comblait pour combler l'autre vide. Elle conduisait derrière le camion et tentait de comprendre pourquoi le véhicule louvoyait autant. En le dépassant, elle a constaté que le chauffeur parlait dans son portable. C'est une épidémie, cette manie, un danger public grandissant dont les autorités ne s'occupent pas, c'est clair. Elle a tenté de quitter la voie rapide et de se ranger à droite tandis que lui aussi, sans clignoter, envisageait la même manœuvre. L'automobile de la femme s'est retrouvée coincée contre la rambarde et de ce fait, la femme aussi. Elle n'est pas très jolie à voir, malgré la robe presque intacte, mais moi non plus. Il paraît que nous recouvrerons notre aspect initial une fois le verdict prononcé. Vite j'espère, je commence à faire des croûtes et bientôt, je ne pourrai plus respirer, le sang obstrue mes voies nasales. J'ai très mal au dos aussi, toutes les vertèbres de ma colonne semblent vouloir se décoller les unes des autres, tomber comme des flocons. À notre arrivée, un commis à l'accueil nous a dit de ne pas nous en faire, que ces sensations ne sont que des illusions, que tout est en suspension dans le couloir, le temps comme nos blessures, mais c'est étrange, on dirait que je continue à sentir les choses. Comme ce parfum synthétique repoussant, celui de cet homme en veston-cravate qui s'agite en essayant en vain de composer un numéro de téléphone sur son cellulaire, quel imbécile. Il ne se rend pas compte de sa mort, et je ne serai pas celle qui la lui annoncera; il est trop divertissant à regarder. La femme m'apprend qu'il a été frappé par une voiture en traversant un boulevard à l'heure de pointe; lui ainsi que le conducteur utilisaient leurs cellulaires. J'ai ricané en réprimant l'envie de le lui arracher des mains pour le lui faire avaler, une fois pour toutes. J'espère qu'on prouvera que ces appareils, à long terme, tuent les cellules du cerveau à défaut de tuer tout court.

J'entends mon nom, une voix céleste et cristalline me demande de monter à bord d'un petit autobus qui ressemble à un jouet d'enfant. J'entre dans le véhicule dont les proportions sont impossibles à cerner. Il semble interminable, long comme un tunnel. Je m'assois sur le seul siège libre, tous les autres sont occupés par des enfants dont le visage et le corps sont couverts de blessures. Mon petit voisin prend ma main, il me demande si je vais retourner sur Terre. Ses paupières sont lourdes de sang séché. J'humecte un mouchoir et tente de les nettoyer. Il se laisse faire, il pleurniche en murmurant «je veux ma maman». Je soupire, l'attire contre moi et lui réponds que je ne sais pas encore, mais que j'en doute, vu mon état. «Et toi?» Il s'arrête de pleurer et me raconte comment toute sa classe a péri dans un accident d'autobus scolaire; l'autobus s'est retrouvé dans un fossé, l'autobus a trahi la confiance qu'ils avaient en lui. «Regarde nos visages pleins de bleus et nos membres cassés, je ne crois pas que nous y retournerons, nos mamans vont bien nous manquer, elles nous manquent déjà. Notre chauffeur est le seul à s'en être tiré, il est très malheureux, il voudrait être mort. Lui aussi nous manquera, on l'aimait bien, il nous ramenait toujours chez nous, avant. Mais ce n'est pas sa faute. Sa route a été coupée par un conducteur de poids lourd, il parlait au téléphone en conduisant, il ne faisait pas attention, mon papa aussi fait ça parfois et maman lui dit d'arrêter mais il ne l'écoute pas.» Je ne dis rien, je maudis les conducteurs de poids lourds, je maudis les cellulaires, je souhaite qu'ils explosent tous en même temps.

L'autobus fait un arrêt, le chauffeur crie mon nom et mon prénom et conclut par un «Terminus!» chantant et joyeux, me donnant l'impression que je vais m'amuser à une fête foraine, que je viens de gagner un prix, de remporter un concours. Je dépose un baiser sur le front tuméfié de l'enfant avant de descendre de l'autobus en me retenant sur la rampe. Une femme m'attend et me guide jusqu'à un stand, m'invite à rester debout, même si j'ai vraiment très mal au dos. Elle est coiffée d'un chignon à torsades, maintenu sur le dessus de sa tête par une épingle décorée par un ange. Cela me paraît de circonstance. D'une voix appliquée, comme si elle récitait un discours appris et maintes fois répété, elle m'annonce une «bonne nouvelle»: je ne suis pas prête, ni pour le purgatoire ni pour aucune des autres options, je dois retourner sur Terre, je ne suis pas morte, voilà pourquoi je sens encore la douleur. Je dois y retourner, mais je devrai être forte. C'est mon destin. Sa longue robe blanche flotte autour d'elle même s'il n'y a aucune brise.

Voilà. J'émerge. Je suis immobilisée dans un lit, incapable de bouger, entourée d'appareils dont les lumières clignotent, prise du cou aux hanches dans un corset, rattachée par des fils à des machines silencieuses. Il me faudra plusieurs longues semaines avant de pouvoir quitter ce lit, cette chambre, ce cocon de sécurité. Alors, je devrai affronter la réalité et m'habituer à ce véhicule qui sera le mien pour le reste de mes jours.

On m'a dit que je pourrai aller partout grâce aux mécanismes ultra-spécialisés de ma chaise roulante, rouler sur les pistes cyclables à sens unique, prendre les autobus spéciaux des transports en commun, ceux qui ont un plancher amovible, avoir une «vie normale». Les muscles de mes bras sont assez forts et mes doigts assez dénoués pour que je puisse aisément actionner les leviers qui commandent ma chaise, mais pas suffisamment pour maintenir un téléphone cellulaire à la hauteur de mon oreille. C'est fou, mais cela me désole vraiment.

Cendres amères

❖

À la mémoire de Lise Florence Villeneuve
1941-2005

J'ai à peine le temps de poser une fesse sur ma chaise et d'évaluer le goût de mon café que le téléphone sonne. Ma collègue de travail me gratifie d'un coup d'œil contrarié : la sonnerie l'a empêchée d'entendre le numéro de loterie gagnant. Elle augmente le volume de la radio. Je colle très fort le récepteur contre ma bonne oreille, car la voix de ma grande sœur est faible, incertaine. Elle me parvient de la planète des orphelins, notre nouvelle planète, là où les forces vous manquent pour vaquer aux choses du quotidien. D'un souffle pourtant rapide, comme si elle avait peur que je me rebiffe ou l'interrompe, elle me demande d'aller chercher les cendres de notre mère au salon funéraire, juste cela, ce n'est pas compliqué, non ? Je n'éprouve aucun sentiment particulier, tout au plus un léger agacement. Depuis la mort de maman, nous nous partageons les tâches de façon mécanique en cochant sur une liste interminable ce qui est fait. C'est fou ce qu'exige une vie après la mort. J'écope de cette corvée, puisque ni elle ni mon frère n'en veulent, c'est normal : on s'est habitués à l'absence de notre mère et la revoir en miettes, ça n'intéresse personne. Cela m'est indifférent. Cueillir maman dans une boîte ne me semble pas plus triste que ces autres fois où je devais la cueillir sur son balcon, immobile entre ses boîtes de pétunias, pour l'emmener à ses rendez-vous médicaux. Elle se tenait à l'affût, l'air terrifié, son petit sac à main en vinyle blanc menotté à son poignet comme si elle craignait de se le faire voler et dès qu'elle voyait poindre le nez de ma voiture au bout de la rue, elle descendait l'escalier en se retenant sur la rampe, comme si elle craignait de manquer une marche. Elle craignait toujours quelque chose. Puis elle babillait sans interruption, ne s'arrêtant que pour reprendre son souffle après les points. Je fixais la route en ponctuant ses propos par des « ahan » encourageants. Elle avait besoin de parler. Elle était si seule, avec pour toute compagne cette maladie qui ne lui disait rien qui vaille.

Le récepteur coincé entre la joue et l'épaule, je chipote un muffin aux bleuets farineux constellé de microscopiques yeux bleus en sirotant le café infect fait au percolateur par une main criminelle. Je prends la décision de m'en occuper moi-même dorénavant, d'arriver la première de façon à empêcher la secrétaire de gâcher mon déjeuner. Elle ne boit que du thé vert, parce que c'est la mode, et elle toise les buveurs de café avec dédain, alors qu'elle faisait encore partie de ce groupe infâme il y a trois semaines. J'écoute ma sœur hésiter sur chaque mot, m'expliquer pourquoi mon frère ne peut pas, pourquoi elle ne peut pas alors que tout ce qui m'inquiète en ce moment est cette pâte lourde qui s'est émiettée entre les touches de mon clavier d'ordinateur. Le salon funéraire est sur mon chemin, tout près de mon bureau, c'est tellement plus facile pour moi. Il semble vital pour ma sœur de justifier sa demande, comme si elle craignait que je lui en veuille. La crainte fait partie de son héritage maternel. Je la rassure, je l'appuie : bien sûr, on ne peut pas laisser maman plus longtemps dans cet endroit froid, si impersonnel. Elle se sentira bien mieux dans mon salon, devant la télévision, n'est-ce pas, comme du temps de son vivant, devant la télévision. Je peux m'occuper de cela pendant mon heure de dîner, non ? Ou encore ce soir, qu'est-ce que je fais tant de mes soirées de toute façon ? Je l'écoute me transmettre ses instructions en pianotant sur mon bureau une sonate de Chopin, ou est-ce *Au clair de la lune* ? Il me vient des visions de carrés de sable inutilisés, de plages désertes, de sols lunaires. Un *Télé-Tubby* sautillant apparaît, mais je l'efface aussitôt.

Ma collègue n'a pas gagné à la loterie. Dommage pour elle, et pour moi. Elle va se chercher un café en produisant une série de soupirs accablés, grommelant qu'elle sera encore là demain, ce n'est pas une vie. Elle marche en dandinant un derrière qui semble avoir adopté la forme et le format de son siège. Je soupire à mon tour.

. . .

Le salon funéraire est situé de l'autre côté du parc. Je m'arrête en chemin, même s'il fait plutôt froid pour manger dehors, et je choisis un banc qui en a vu d'autres : M. qui love S., R. qui enlace C. au centre d'un cœur. Je m'assieds sur B. qui était là le 2 juin avec F. et déballe mon sandwich. D'où je suis, je peux voir l'édifice funéraire, un bloc de marbre gris et beige joliment bordé de jeunes peupliers recouverts de neige. J'imagine la décoration intérieure : des rangées et des colonnes de petites boîtes étiquetées et classées par ordre alphabétique, alignées contre les murs, s'élevant à perte de vue comme des gratte-ciel. Une série de vies bien ordonnées, silencieuses, attendant la suite des choses, espérant qu'une main voudra bien leur offrir un vrai dernier repos. Il me vient des visions de blocs Lego, de jeux de dominos, de cubes Rubik.

Je décide de faire de cette tâche un événement joyeux, d'aller vers maman le cœur léger et souriant, qu'elle sache que cela se peut, maintenant. Le pas allègre, je franchis le portail du salon funéraire en composant sur mes traits un air de liesse. Une femme au physique follement transylvanien, les cheveux relevés grâce à une pince aux dents acérées dans laquelle je n'aimerais pas me faire coincer le nez, m'accueille avec un visage plein de commisération, tout à fait à l'opposé du mien. Elle doit avoir perfectionné son faciès depuis des années, parce qu'elle est parfaitement convaincante : j'ai l'impression de perdre maman une deuxième fois, qu'elle est morte dans les minutes précédant mon arrivée et que la dame a pour mission de me l'annoncer. Je conserve mon expression carnavalesque en lui déclinant mon identité et la raison de ma visite. Ses petits yeux de furet deviennent presque liquides, le bleu de ses pupilles fait mine de se noyer dans un flot immobile, c'est bouleversant. Cette mascarade mortuaire me donne envie de pouffer, il y a sûrement une caméra cachée. On dirait que c'est elle que je viens chercher et qu'elle est désemparée de ne pas avoir eu le temps de se mettre en cendres avant mon arrivée, « mais attendez, je ne serai pas trop longue, le four est déjà à cinq cents degrés ! » Elle me donne une main sèche à serrer et m'invite à entrer dans un immense bureau où le mobilier se confond avec les murs et les tapis. Tout est brun, couleur terre, on s'y croirait six pieds dessous, mais en mieux, avec un peu plus de confort et une intrigante odeur de café. Elle m'en sert un sans me demander mon avis et je ne dis pas non, je veux le tester et lui demander sa recette, s'il se trouve qu'il est supérieur à celui du bureau. Elle me tend un sachet d'édulcorant et un pot de lait en poudre.

Je refuse en précisant que je le bois brun, comme le reste, mais elle ne saisit pas l'allusion. Tandis qu'elle furète à la recherche de papiers, j'en profite pour l'examiner. Il me vient des visions de Marge Simpson, de Vampirella et de Madame Bec Sec. Maman apparaît, elle désapprouve mes visions, je les efface aussitôt.

J'appose ma signature sur les lignes qu'elle me désigne avec un ongle écarlate qui détonne dans cet antre terreux. Elle me demande de ne pas bouger, elle va quérir ma mère *en bas*. Je bouge un petit peu, parce que je tolère mal qu'on exige de moi de ne pas le faire. Un moment passe, un autre et je l'entends qui remonte, haletante. Je m'attends presque à les voir surgir bras dessus bras dessous et la réalité qui s'impose à moi n'en est pas loin : la dame tient maman sur son bras replié, l'échine un peu courbée sous le poids. Maman est dans une boîte noire, une boîte tout ce qu'il y a d'ordinaire. Je suis dépitée. Qu'est-ce que je croyais ? Que madame allait surgir en criant « tadam ! » et en brandissant au-dessus de sa tête une urne chinoise, une amphore grecque, un kit de rangement multicolore IKEA ? Maman habitait un petit appartement sombre et sans grande personnalité ; elle vit dans la mort aussi sobrement qu'elle a vécu dans la vie, voilà tout. Je m'empresse de libérer la dame de maman, car son bras semble vouloir s'allonger sous le poids de la boîte, une si petite boîte, pourtant. Quand elle la dépose entre mes mains, mon corps s'incline involontairement. « Vous êtes certaine que c'est bien elle ?

Elle n'était pas si lourde, de son vivant!» Je me trouve très drôle, j'ose même un petit ricanement. J'ai droit à un regard inexpressif: «Oui, c'est bien elle», précise-t-elle comme si elle identifiait son corps à la morgue. Il me vient des visions de salle d'autopsie, de médecins légistes, de civières rigides. Le docteur Welby apparaît, mais je l'efface aussitôt, même s'il est franchement plus sympathique que la tronche de momie que j'ai devant moi. En effet, la dame semble irritée par mon comportement, ses microscopiques yeux bleus dans son visage farineux en témoignent de manière éloquente. Elle se retire derrière son bureau avec un claquement de langue réprobateur. Elle n'aime pas que l'on fasse de l'humour dans son salon funéraire, ça manque de dignité. D'un geste étudié, elle m'indique la sortie en me remerciant de l'avoir débarrassée de ma mère. Pas en ces termes, mais en balayant la couche de politesse affectée, cela y ressemblerait.

. . .

Personne ne remarque à mon passage que je transporte ma mère sous mon bras. J'aurais envie de le dire aux passants que je croise. Je me sens fière, je ne saurais expliquer pourquoi. Elle sortait si rarement, la promener ainsi dans le parc gelé me rend presque heureuse. Je la serre contre mon duvet pour la réchauffer. Le mercure a bien dû chuter de dix degrés depuis une heure.

Je réintègre mon bureau avant tous mes collègues, qui trichent en prenant toujours quinze minutes de plus pour dîner. Je dépose maman sur ma table de travail, entre deux petits cactus agressifs, juste à côté de mon ordinateur. L'effet est désolant : on dirait une Jeep coincée dans le désert, prise en otage par deux soldats, ça ne marche pas. Je bouge les cactus, n'arrivant pas à décider si je dois les mettre tous les deux sur la boîte ou un dessus et l'autre à côté ou encore composer un arrière-plan. Après de multiples essais, je décide de mettre la boîte derrière les cactus. Le résultat est assez joli. J'ai hâte que les autres reviennent, pour faire les présentations, qu'ils constatent *de visu* la raison pour laquelle ils ont déboursé cinq dollars chacun, pour l'achat du bouquet de fleurs. Les réactions sont instantanées et sans trop de nuances : expressions de malaise, grimaces d'effroi, bouches ouvertes et yeux arrondis, contractions musculaires diverses plus ou moins accentuées selon la capacité d'expressivité de chacun. Je suis déçue, personne ne s'est extasié sur mon bel arrangement funéraire. Je téléphone à ma sœur pour lui dire : mission accomplie !

— Et alors, où est-elle, maintenant ?

— Avec moi, ici.

— Où ça, *ici* ?

— À mon travail, sur mon bureau.

— Quoi ? Devant tout le monde ?

— Oui. Et alors ? Elle n'est pas toute nue !

— Tu es terrible! Tu n'as aucune décence?

— Et ce soir, je vais à ma séance de thérapie, elle devra venir avec moi ou passer la nuit ici. Elle est bien protégée, je lui ai assigné deux gardes du corps bien piquants.

— De quoi tu parles? Elle ne va pas dormir là! Et tu ne penses pas à emmener maman en thérapie non plus! On n'est pas dans un film de Woody Allen! Tu sais combien elle désapprouvait ta démarche! Je savais bien que j'aurais dû aller la chercher moi-même!

Parfois, je pense que ma sœur est aussi agitée que pouvait l'être notre mère. Elle ne peut pas s'exprimer sans ponctuer la moitié de ses phrases par un point d'exclamation. Je finis de la terrifier en lui garantissant que ma séance de ce soir va sûrement être une de mes meilleures séances à vie, celle qui règlera mes conflits mère-fille une fois pour toutes. Elle raccroche en soupirant sur la «pas d'allure» que je suis. Elle se serait bien entendue avec la dame du salon: toutes deux n'ont aucun humour.

Mon psy ne cache pas son émotion quand il constate que j'ai transporté ma mère sur toute la distance qui sépare mon lieu de travail du sien. Il connaît le poids des morts et apprécie mon intention, qu'il doit interpréter comme un rituel et non une farce insolente. J'ai mal au bras, je le masse tandis que le thérapeute dépose gentiment la boîte sur une table qui sépare son fauteuil du mien. Le sourire entendu qui émerge des poils de sa barbe me rassure : nous sommes accueillies, maman et moi. Il s'assied et me regarde avec une telle bienveillance que je n'ai envie que d'une chose : fermer les yeux et regarder. Je n'aime pas ce que je vois : maman, ensevelie dans son éternel sofa, la main crispée sur la télécommande à la recherche d'une émission qui la comblerait, son chat sur les cuisses. Tandis qu'il la piétine gentiment de ses pattes de devant en tirant des fils à la ratine de la robe de chambre râpée qui l'habille, elle lui raconte ce qui se passe, elle le fait participer à la vie qu'elle a. J'éclate en sanglots et ouvre les yeux, pour revenir à la mienne. Ce n'est pas la meilleure séance de toute ma vie, je l'écourte, je veux rentrer à la maison. Viens, maman.

. . .

Plus que jamais ce soir, mon appartement respire l'abandon, à croire que je ne vis pas ici. Mes plantes sont assoiffées, les cactus, eux, exultent, toutes épines dehors. Ma mère n'est jamais venue chez moi auparavant. Je fais le tour des pièces avec elle en lui expliquant leur usage, à la suite de quoi je l'installe entre deux petits cactus fleuris sur la table du salon. C'est la seule pièce qui semble habitée, grâce au téléviseur que je n'éteins jamais. Son chat monte sur la table et la renifle. Puis, il vient se rouler en boule sur mes genoux. J'arrête mon choix sur une émission qu'elle aurait aimée et je leur raconte ce qui se passe. Je les fais participer à la vie que j'ai.

Il me vient des visions d'une mère et d'une fille séparées dans la vie, réunies par la mort, sans que je sache réellement qui est la plus morte des deux. Mon psy apparaît, les bras grands ouverts, mais je l'efface aussitôt.

Ne vous endormez pas !

❖

Déjà, au jour de sa naissance, Sophie faisait rire les gens. La seconde suivant son expulsion du cocon maternel, elle produisait un petit vent de la puissance d'un moteur hors-bord. Le personnel dans la salle d'accouchement riait à en perdre haleine. Ils n'avaient jamais assisté à ce genre de débordement de la part d'un nouveau-né ; un hoquet certes, mais un pet, jamais. Ce que c'était drôle ! Une fois qu'elle a été nettoyée, on a remarqué combien son nez était rond et sa bouche, gigantesque, destinée à avaler des melons entiers.

— Elle a une face de clown, a dit son père.

— Ou de mime, a rétorqué sa mère.

— Je ne sais pas, je dirais qu'elle a vraiment une face de clown.

— Si tu insistes. Appelons-la Sophie, c'est un joli nom pour une petite clown.

. . .

À quatre ans, Sophie imite Krusty le Clown à la perfection. Elle terrorise tous les petits de la maternelle avec son rire délirant à la limite du sadisme et les monitrices l'obligent à enlever le nez de plastique rouge qu'elle accroche au bout du sien et qui fait peur aux autres enfants. À dix ans, elle donne son premier spectacle en solo, devant les professeurs et les parents. Elle a ce don inusité de péter à volonté en se contorsionnant telle une anguille qu'on aurait chatouillée à mort. Il s'avère difficile de décider s'il est inquiétant ou comique de regarder cette fillette se tortiller ainsi sans se déchirer un muscle ni un tendon, ouvrir aussi grand une bouche déjà immense sans se démettre la mâchoire, produire des sons aussi embarrassants. À seize ans, elle passe une audition dans le but de s'inscrire à une école de cirque pour les clowns. Seulement, pendant sa prestation, les rires qui au départ fusaient des bouches béantes se font de plus en plus pâles. Les membres du jury, les uns après les autres, tombent tous profondément endormis. Sophie s'évertue à les réveiller en utilisant ses gags les plus tonitruants, rien n'y fait. Elle finit par capituler et s'assied sur le sol, les jambes croisées à l'indienne, attendant que les jurés se réveillent d'eux-mêmes. C'est à ce moment que la plus âgée des personnes présentes se met d'un coup sur son séant, regarde Sophie et lui ouvre les bras.

— Mon enfant, vous êtes extraordinaire! Jamais de ma vie entière je n'ai réussi à m'endormir aussi profondément, aussi rapidement. Je me sens complètement régénérée. Vous avez un don thérapeutique et je sais où nous allons vous orienter.

Convaincue qu'elle serait expulsée sur-le-champ, Sophie se sent déboussolée. Elle n'arrive pas à s'expliquer comment elle a pu jeter dans le sommeil cinq personnes, à onze heures du matin. Un à un, les autres s'étirent en bâillant et reprennent leurs crayons. L'aïeule leur fait un signe autoritaire de la main. Ils l'examinent avec une curiosité non feinte ; n'est-il pas de leur devoir de recaler cette prétendante au statut de clown ?

— Ma chère, il existe un cirque d'une particularité unique, dont le siège social est situé aux confins de l'Insomnie. Il est composé de gens doués du même don que vous, préoccupés par l'anxiété, le stress et les problèmes de santé liés à la civilisation moderne. Ils sont douze à Insomnie, mais une troupe secondaire se promène de ville en ville, donnant des spectacles visant à détendre, voire endormir l'auditoire. Croyez-moi, leurs spectacles sont très courus. Ils commencent par distraire le public, puis les numéros s'orientent tranquillement et à l'insu des spectateurs vers la relaxation profonde puis, éventuellement, le sommeil.

Sophie hausse les sourcils, sceptique.

— Les gens qui vivent des problèmes de sommeil cherchent toujours à le trouver par des rituels inappropriés qui fonctionnent rarement : de la musique subliminale, des bains aromatiques, de la lecture ennuyeuse. Le cirque, lui, propose entièrement le contraire, le subliminal certes, mais dans l'amusement. La troupe n'a pas recruté de nouveaux membres depuis longtemps, il lui faut du sang neuf. Faites vos bagages pour Insomnie, un avion part d'ici dix jours ».

Sophie a du mal à en croire ses oreilles. Comment son don a-t-il pu se transformer de manière aussi radicale ? La dame lui prépare une lettre de référence, approuvée par les autres jurés, qui admirent tout à coup son initiative et sa clairvoyance. La petite clown rentre chez elle comme une somnambule, en ayant l'impression d'avoir rêvé tout ça.

— Maman, je veux vérifier quelque chose. Assieds-toi confortablement un instant. Papa aussi. Regardez-moi !

Elle exécute quatre tours, trois pirouettes, lance une ou deux blagues et constate que ses parents commencent à bâiller et à cligner des yeux. Après dix minutes, ils dorment paisiblement l'un contre l'autre. Sophie retire vingt dollars du portefeuille de son père qui ronfle à tous vents et sort dans la pénombre, en direction de la maison des jeunes de son quartier.

— Voilà Sophie. Fais-nous rire, face de clown !

Sophie sait que les jeunes de son quartier se moquent d'elle depuis l'école primaire, par jalousie ou par incompréhension : il est rare qu'une fille soit aussi drôle, c'est inquiétant. Elle sent le billet de vingt dollars qui craque dans sa poche de pantalon et prend une décision : elle deviendra riche, elle pourra enfin s'acheter tout ce qu'elle convoite mais que ses parents, trop pauvres, ne peuvent que lui refuser. En moins de deux facéties, elle endort les cinq fiers-à-bras et leur fait les poches. La récolte n'est pas très fructueuse, à peine a-t-elle pu rassembler quinze dollars et quelques pièces de monnaie. Il lui faudra viser plus haut. Elle ira à Insomnie.

Son départ se complique par les appréhensions de ses parents ; elle est encore jeune, elle n'a jamais voyagé, tout cela est si subit. La vieille dame de l'école du cirque prend tout en main, rassure les parents et accompagne Sophie à l'aéroport. L'avion, qui semble fait de carton-pâte, paraît sortir d'un rêve d'enfant ; c'est un avion avec un petit nez rond, une hélice tout au bout et une bouche qui sourit. L'hôtesse qui accueille Sophie est vêtue d'un tutu, elle l'invite à prendre un siège recouvert d'une couverture rose et blanche, douce comme un nuage. Alors qu'elle regarde l'hôtesse effectuer quelques cabrioles rigolotes, elle se sent vite avalée par une torpeur bienfaisante d'où elle n'émerge que lorsque l'avion atterrit, reposée comme si elle avait dormi neuf heures.

Insomnie est une contrée assourdissante. Pas étonnant que les gens y dorment si mal. Dès que Sophie sort de l'avion, ses oreilles sont assaillies par le bruit ambiant. Un petit groupe hétéroclite vient à sa rencontre ; ce sont les membres de la troupe du Cirque du Sommeil. Sophie se sent immédiatement en confiance. Il y a même un chien dont le crâne est coiffé d'une houppette rose. Il bondit sur Sophie en cherchant à lui lécher les joues. Elle décide qu'elle sera son maître, et le chien est d'accord.

Personne ne s'offusque de cette appropriation soudaine ; dans le Cirque du Sommeil, tout est à tout le monde.

Le numéro qu'elle offre à la soirée préparée en son honneur fait l'unanimité : Sophie est la nouvelle recrue qu'ils espéraient pour rafraîchir leur spectacle. La moitié des personnes présentes ont chaussé des lunettes fumées pour éviter de s'endormir ; elles ont pu ainsi juger de l'efficacité des pitreries endormantes de Sophie sur les autres, les plus jeunes, les plus excités, donc les plus difficiles à endormir. L'enchantement démontré par les autres membres du cirque ravit Sophie. Le plus vieux lui raconte combien les habitants d'Insomnie sont tous tellement tendus, tellement anxieux que peu d'entre eux se rappellent ce que signifie une nuit réparatrice ; pour ces gens épuisés, une bonne nuit de sommeil vaut tout l'or du monde. Tous les spectacles sont à guichets fermés et ils se donnent pourtant chaque soir de la semaine devant un millier de visages crispés aux yeux cernés, lesquels émergent de la salle complètement changés, comme s'ils avaient subi une cure de rajeunissement. Certains ont renoncé à leurs méthodes d'endormissement habituelles, somnifères, séances d'acupuncture ou de thérapie et viennent au spectacle une fois par semaine.

Quand Sophie demande combien se vend un billet, elle s'étonne du prix, à son avis beaucoup trop bas. La doyenne du groupe la toise et claque la langue avant de lui répondre sur un ton sec. Sophie se tortille, gênée.

— Notre but n'est pas de faire de l'argent sur le dos des gens en exploitant leur faiblesse. Moi-même, j'ai pendant ma jeunesse beaucoup souffert de troubles anxieux et j'ai dépensé une fortune dans des thérapies qui ne m'ont rien apporté, sinon la ruine. J'ai décidé, en fondant ce cirque, que nos séances — appelons-les ainsi plutôt que «spectacles» — seraient à la portée de tous. Les troubles du sommeil ne sont pas que l'apanage des riches, tu sais.

— Mais, au moins, vous pourriez vivre autrement que dans ces caravanes de bohémiens !

— Qu'as-tu contre ces roulottes ? Nous n'avons pas besoin de plus. Les possessions matérielles inutiles alourdissent la vie, empêchent de s'élever et d'accéder à un esprit paisible. Nous encombrer de tout ce à quoi tu penses est incompatible avec notre but, c'est-à-dire aider les gens.

Sophie demeure pensive après avoir entendu ces paroles. Elle se retire dans sa roulotte avec le chien au toupet rose. C'est donc ainsi qu'elle devra vivre, pauvrement, dans ce petit espace à peine suffisant pour y faire entrer la grosse télévision de ses rêves ? Elle enfile sa veste de cuir, se rend au centre-ville et entreprend de faire les poches de tous les passants et des groupes de badauds qu'elle rencontre en les endormant vite fait.

Les frasques de Sophie parviennent aux oreilles de la troupe. La nouvelle recrue est déchaînée, incapable de résister à la convoitise. Sa roulotte déborde de ses nouvelles acquisitions, de vêtements à la mode, de bijoux. Le chef de la police ne souhaite pas causer de problèmes au Cirque, lui-même profite de la thérapie par le rire deux fois par mois. Mais, depuis cinq mois, il a reçu tant de plaintes des citoyens qu'il doit avertir la doyenne que la réputation de la troupe risque de s'en trouver entachée si elle ne sévit pas rapidement. La doyenne convoque donc le conseil de bande, pendant que Sophie, enfermée dans sa nouvelle roulotte de luxe, mange de la pizza avec Davar, un membre du cirque tout récemment arrivé, devant l'immense télé qu'elle vient de s'acheter. Elle est visiblement en train de contaminer le jeune homme. Il faut faire vite. Son don se retourne contre elle, contre eux. Le conseil doit prendre une décision difficile : faut-il endormir Sophie à tout jamais, puisque son obsession du luxe semble incurable ? Cela équivaudrait à un meurtre, et Sophie ne mérite pas cela. Elle a tout simplement été dépassée par les pouvoirs que lui procure son don.

Un soir, alors que la représentation se termine comme à l'accoutumée dans le bruit étouffé des bâillements rédempteurs du public, la doyenne ordonne à Sophie de demeurer sur la piste après que le dernier spectateur a quitté la salle.

— Nous désirons expérimenter un nouveau numéro, Sophie. Place-toi devant ce grand miroir et laisse-toi aller, fais-nous rire.

— Cela n'a aucun sens ! Si je fais mon numéro devant ce miroir, je vais m'endormir moi-même. Et quoi, alors ? Vous voulez vous débarrasser de moi, c'est ça ? Je savais que je faisais bien de verrouiller la porte de ma roulotte, le soir. Vous n'êtes que de pauvres saltimbanques qui resteront pauvres toute leur vie ! Je suis plus intelligente que vous !

Elle tourne le dos au miroir et s'agite, se démène pour endormir ses collègues, mais ils se sont empressés de se protéger les yeux avec leurs lunettes fumées. À leur tour, ils se mettent en branle, exécutent une chorégraphie grotesque mais hilarante. Il s'agit de la danse de la Belle au Bois Dormant. Sophie tombe comme une mouche. Elle n'est pas morte, seulement engourdie, tellement engourdie qu'elle paraît morte. Deux hommes soulèvent son corps détendu et le déposent dans une sorte de tombeau percé de trous. Reste à savoir ce qu'ils feront de la jeune fille.

. . .

Des années passent ainsi, pendant lesquelles les spectateurs font la file pour contempler la dépouille si bien conservée de la petite prodige qui pillait les passants. La légende dit que son don était devenu si puissant qu'elle s'est endormie elle-même, accidentellement, en faisant le pitre devant son miroir un matin, alors qu'elle se brossait les dents. Elle repose dans un cercueil au revêtement satiné. Parfois, un petit chien au toupet rose se couche sur ses pieds, c'est absolument mignon. Un simple regard dans les yeux ouverts de Sophie crée une détente si profonde, si proche de l'hypnose que le badaud ne sent rien quand la main de Davar, le saltimbanque de surveillance, subtilise quelques billets supplémentaires dans sa poche.

FÉLIX ET LE CHAT

❖

Au coin de la ruelle en pente, cette ruelle si fleurie qu'on dirait un bout de campagne, deux grosses poubelles destinées aux déchets recyclables abritent un chat. Un passant distrait pourrait croire qu'il s'agit d'un chat endormi contre la clôture, mais aucun chat ne s'endort ainsi tordu dans des angles aussi grotesques, à moins qu'il n'ait les quatre pattes disloquées ou le cou brisé ; alors il n'est pas endormi, mais mort. Il y a quelques heures, ce chat était vivant et heureux, pratiquant inconscient de la zoothérapie, un jeune chat poli qui acceptait sans broncher la caresse intéressée d'un badaud désireux de se réconforter. Digne comme cela se peut, avec quelque chose dans le regard qui forçait le respect et prêtait à dire : « Ça, c'est un bon chat. » Et qui donnait envie de le nommer Minet, « MinetMinetMinet ! », car c'était le nom le plus approprié pour ce chat qui se tenait assis sagement sur son petit derrière en vous regardant sans rien demander et en acceptant avec bonheur ce que vous aviez à lui offrir.

Il y a quelques heures.

Minet vadrouille dans cette ruelle qui est sa préférée, celle qui, de son point de vue de chat, abrite les
odeurs les plus corsées, les cours arrière les plus invi-
tantes. Il salue les clôtures habituelles, se frotte contre
les mêmes poteaux et mâchouille les brins d'herbe des
bordures familières comme s'il s'agissait d'une aventure
nouvelle. Il renifle le derrière de Roudoudou puis lui
fait la causette. Devant le trio d'écoliers qui avance
dans leur direction en s'invectivant, Roudoudou prend
ses pattes à son cou. Minet ne cherche pas à le retenir
et s'assied sur son arrière-train pour regarder venir les
enfants; il en a déjà vu de semblables et ceux-ci n'ont
rien de spécial. Il demeure immobile, en prévision des
caresses potentielles précédées des «oh! le beau petit
chat, viens petit chat, viens» et toujours accompagnées
de bruits de bouche mouillée et désireuse auxquels il
cède, pour le plaisir de l'un et de l'autre. Il n'a pas le
sentiment, en se laissant tapoter par maintes mains, de
tromper sa maîtresse, car toujours il lui revient. Elle
possède la main qu'il préfère entre toutes, car c'est
aussi celle qui le nourrit.

Minet tressaille légèrement lorsque Félix s'arrête en
bombant le torse devant lui et ordonne avec brusquerie
à ses deux copains: «Tuons le chat.» Il a déjà entendu
la consonance du mot «chat», mais pas celle de «Tuons
le». Il ne bouge pourtant pas, en chat confiant qu'il est en
la gentillesse des êtres humains. Les copains trouvent

que c'est une idée géniale pour se défouler en cette journée gâchée par la tonne de devoirs imposée par le professeur qui les déteste tous, il va de soi, pour leur en remettre autant juste avant le week-end. Félix profite de la naïveté de Minet pour s'emparer rudement de lui, par la peau du cou. Minet se souvient, le temps d'une fraction de seconde, de la dernière fois où il a été soulevé de cette manière. Il était tout petit minou, on le séparait de sa mère pour l'emmener vers une autre qui n'avait pas la même odeur, une femelle montée sur deux grandes jambes contre lesquelles il a fini par aimer se frotter. La poigne actuelle n'a rien de rassurant.

Félix et ses deux comparses se propulsent dans une cour sombre protégée par de hauts arbres aux troncs noueux qui forment un couvert au-dessus de leurs têtes. Ils prennent chacun une patte de Minet en l'étirant au maximum, faisant fi de la quatrième. Minet se sent vite mal à l'aise et entreprend de se tortiller vigoureusement. Il cherche à échapper à la prise des enfants en griffant Félix avec sa patte restante et, comme cela ne suffit pas, il le mord. Étouffant un cri de douleur, Félix empoigne la tête de Minet et serre son cou jusqu'à ce que ses bons yeux de minet prennent un aspect terrifiant. Un des garçons braille «Arrête ça!» en lâchant la patte qu'il retient. Il détourne les yeux en grimaçant tandis que l'autre copain attrape la patte abandonnée, le traite de tapette et encourage Félix à serrer plus fort. Mais Minet n'a pas l'intention de se laisser faire, il commence à se débattre vigoureusement pour échapper à ces mains juvéniles. Adroitement et sans bruit, oh, à peine un petit gémissement venu de la gorge, son corps se décontracte puis se contracte à nouveau. Dans un effort qui surpasse celui des garçons, il bondit hors de leur portée en écorchant au passage la peau tendre d'un bras et bondit vers la ruelle. Il n'a pas le temps d'esquiver la voiture qui dévale la côte un peu trop rapidement et quand son corps roule sous une roue arrière, il rend son dernier miaulement et son dernier souffle. La voiture continue son chemin vers la rue ; ni elle ni son conducteur n'ont eu connaissance qu'ils venaient de *déminetter* une vie. Félix et ses copains ont assisté à l'accident sans rien éprouver du sentiment de circonstance. Du bout de leurs souliers, ils effleurent un Minet désarticulé qui offre des yeux glauques et fixes, lui qui avait un si bon regard, l'avaient-ils même remarqué ? Ils craignent un soubresaut final, une résurrection magique qui les forcerait à l'achever, mais il ne reste plus rien de la volonté de vivre de Minet, que les égratignures sur le poignet de Félix. Les trois garçons se dévisagent comme s'ils étaient étrangers à ce qui vient de se produire. Félix prend Minet par la queue et traîne son corps flasque de petit minet trépassé jusque entre les poubelles. Ils rentrent chez eux les mains dans les poches sans rien se dire.

Une maman sent quand son enfant couve quelque chose, un virus, une humeur néfaste, elle a le nez pour ces choses. Elle lui demande alors ce qui ne va pas, et parfois l'enfant répond. Parfois, il préfère s'enfoncer dans un silence mystérieux et c'est ce que fait Félix quand sa mère le questionne sur son air renfrogné. Elle n'insiste pas, caresse ses cheveux en l'appelant «Pauvre petit minou», car il travaille si fort à l'école, et elle lui sert un lait au chocolat et des «pироulines». Il allume la télévision et s'enfouit dans le sofa moelleux pour regarder les dessins animés de quatre heures. Sylvester court comme un dingue après Tweety Bird pour l'étriper dans le but de s'en faire un sandwich. C'est très drôle, Sylvester est si balourd, mais Félix ne rit pas, cette fois. Même qu'il monte dans sa chambre pour commencer ses devoirs. Sa mère est très fière de lui.

Le lendemain, comme tous les samedis matin, il va au dépanneur acheter le journal pour ses parents. Une jeune femme montée sur deux longues jambes discute avec le commis. Il y a de l'agitation dans sa voix. Félix se met en file derrière elle en admirant ses cheveux bruns et chatoyants qu'il a envie de caresser. Il saisit des paroles.

«... n'est pas rentré hier soir... ne fait jamais cela... suis inquiète... pas assez farouche, suivrait n'importe qui... s'appelle Pichou... si vous le voyez ou en entendez parler... tout le monde le connaît dans le quartier... s'il vous plaît.» En constatant la présence silencieuse de Félix derrière elle, elle se retourne et se penche vers lui pour ajuster ses yeux au niveau des siens. Ses cheveux tombent sur ses joues et créent un rideau soyeux. Félix fixe la bouche de la fille, ses dents droites comme des poteaux de clôture, sa langue qui brille entre ses lèvres quand elle dit: «Tu connais Pichou? Un beau chat noir et blanc à poils ras, pas peureux du tout, tu l'as déjà vu? Je vais mettre des affiches demain matin s'il ne revient pas aujourd'hui. Si tu le vois, tu m'appelleras? Tu en parleras à tes copains, s'il te plaît?» Elle a un regard bon et innocent qui lui rappelle quelque chose, quelqu'un. Sa façon implorante de dire «s'il te plaît» griffe le cœur de Félix, presque au sang. Il répond non, puis oui, il paie le journal et s'en va en courant sans dire bonjour. Le chat a maintenant un nom.

Le dimanche, Félix et ses parents vont à la messe de onze heures. Cela fait partie des activités familiales auxquelles il ne peut pas encore se dérober. Sa seule consolation est qu'après, il a droit à une crème glacée qu'il lèche comme une récompense pour s'être tenu tranquille et bien droit sur le banc dur qui lui maintient le dos comme un corset. Maman prend Félix par la main en marchant. Il se trouve un peu vieux pour ça, mais ce matin, il a besoin de cette poigne rassurante. Sur le premier poteau qu'ils croisent, une affiche parle de Pichou. Il demande qu'on le ramène à la maison, «s'il vous plaît». Sur une deuxième, Pichou est dessiné maladroitement, à gros traits noirs, il tient davantage de la vache que du chat, à cause des motifs noirs et blancs sur son corps rond, et des pâquerettes qui grimpent sur ses pattes. Il réclame sa maman et donne son numéro de téléphone sur dix languettes pré-déchirées. Sur la troisième : «J'ai perdu mon chemin, aidez-moi à le retrouver, s'il vous plaît. » Félix se mord les lèvres, tandis que ses parents lisent à voix haute chaque affiche en commentant combien elles sont originales, et pauvre petit chat et pauvre propriétaire, c'est un peu comme si on perdait son enfant lorsqu'on perd son chat, n'est-ce pas ? Tu aimerais avoir un chat un jour, Félix ? Félix ne sait pas.

Pendant la cérémonie, sur laquelle il n'arrive pas à fixer son attention, comme d'habitude mais pire, il exprime le souhait d'aller à confesse. Sa mère se sent fière de son garçon, quel bon petit garçon elle a ! Son père lui tapote l'épaule et s'écarte pour le laisser passer. Il suit Félix du regard tandis qu'il marche solennellement vers le confessionnal. Quel bon petit garçon il a ! Pour une fois, Félix sait qu'il n'aura pas à inventer de péchés.

La voix du prêtre, diffuse et doucereuse, lui parvient d'entre les losanges du grillage qui les sépare. Félix se fait prier d'expliquer pourquoi il a péché. Il ne répond pas, il réfléchit vite. Est-ce qu'on peut aller en prison pour le meurtre d'un animal ? Mais il n'a pas vraiment tué le chat, il l'a juste un peu secoué, n'est-ce pas ? Il n'en serait pas mort. D'ailleurs, lui aussi a été agressé, son poignet lacéré en témoigne. Le prêtre ira-t-il le dénoncer à ses parents s'il raconte ce qu'il a fait et si oui, se retrouvera-t-il en famille d'accueil ? Il fabrique un mensonge banal et quand le prêtre lui demande si c'est tout, Félix dit non. Et il parle du chat.

— Pourquoi as-tu fait ça ?

— Parce que.

— Parce que quoi ?

— Je ne sais pas.

— Est-ce que tu voulais le tuer ?

— Je ne sais pas.

— Tu sais que tuer un être vivant, même s'il s'agit d'un animal et non d'un être humain, est un péché aux yeux du Seigneur ?

— Oui.

— Tu imagines la peine de cette femme, maintenant ?

— Oui.

— Pour ta punition, je vais te donner des prières à réciter et un conseil que je t'incite à suivre. Sinon, qui sait, tu risques d'avoir un chat dans la gorge jusqu'à la fin de tes jours !

Félix perçoit la bouche du prêtre qui lui sourit, un sourire froidement découpé en losanges réguliers. Il remercie le prêtre, parce qu'il le faut bien, et quitte le confessionnal en regrettant de s'être confié. Il aurait donné cher pour devoir dire encore plus de « Je vous salue Marie » et s'éviter le supplément. Après tout, est-il obligé d'écouter le conseil du farceur derrière la grille ? Des dizaines de chats meurent de toutes les manières chaque jour, pourquoi celui-là mériterait-il qu'on s'y attarde ? Il n'était même pas beau.

Félix a droit à sa crème glacée molle, vanille-*chatcolat*. Il se hâte de mélanger les couleurs évocatrices du bout de sa langue, qui devient si vite gelée qu'il n'éprouve plus le goût des saveurs. Ils croisent les mêmes poteaux, voient les mêmes affiches, ses parents passent les mêmes commentaires et il ressent le même inconfort, aggravé par le souvenir des recommandations du prêtre.

Maman lui suggère de rester dehors pendant qu'elle prépare le dîner. Il n'a aucune envie d'être à l'extérieur, avec tous ces poteaux qui lui parlent. Mais il s'exécute et s'assied sur le balcon en grignotant le cornet en sucre. Des tas de pensées se bousculent dans son esprit. Il n'a pas l'habitude d'y sentir autant d'agitation, c'est comme une autoroute bondée de voitures dont il n'aurait pas les commandes. Il décide d'aller sonner chez son ami, celui qui n'est pas lâche, celui qui est comme lui. Sa maison est à quelques coins de rues de la sienne. Celle de la malheureuse propriétaire du chat aussi, il ne le savait pas. Elle descend l'escalier avec des affiches à la main, d'autres affiches, tellement d'affiches qu'elle en laisse tomber quelques-unes aux pieds de Félix. Il se penche pour les ramasser et en se relevant, ses yeux plongent dans ceux de la femme. Des miroirs limpides reflétant tout ce qu'il n'a aucune envie de voir.

— Pichou n'est pas revenu. Je n'ai pas dormi de la nuit. J'ai commencé à poser des affiches très tôt ce matin. Si tu n'as rien à faire, viendrais-tu m'aider à les coller?

Félix ne sait pas quoi répondre, il est prodigieuse-
ment embarrassé par la demande inattendue de la femme.
Sa langue semble cousue à son palais, alors il acquiesce
d'un signe de tête. Il a droit à toute l'histoire de ce chat
merveilleux qui faisait la joie quotidienne de la fille,
Sylvie, c'est son nom. Cela ne fait que deux jours qu'il a
disparu, mais elle ne peut pas se faire à l'idée qu'elle ne
le reverra pas, qu'il est peut-être mort, c'est impossible!
Depuis cinq ans, il dormait avec elle toutes les nuits
sous les couvertures, il ramenait sa souris jouet comme
un petit chien, c'était le meilleur des chats, jamais elle
n'en aurait un autre, car il est irremplaçable. Félix est
gêné, il écoute ces confidences poliment, il ose à peine
regarder la fille qui est si belle ainsi animée par la pas-
sion amoureuse qu'elle éprouve pour son chat. Les joues
en feu, il est sur le point de se confesser une seconde
fois, mais la peur le retient. Si Sylvie le gronde avec la
même ardeur qu'elle décrit Pichou, il va y rester, tomber raide mort sous la rafale d'intensité, se faire écor-
cher vif. Elle pourrait même l'obliger à manger Pichou,
qui sait, il a déjà vu ce genre de punition dans un film.
Chose sûre, il n'a jamais vu quelqu'un aimer autant
quelqu'un d'autre, un animal qui plus est. D'une voix
hésitante et enrouée, il dit sur un ton grave qui n'est
pas le sien:

— Peut-être qu'on pourrait en poser sur les poteaux
de notre ruelle? Il y a beaucoup de gens et d'autos qui
passent là.

— C'est une idée géniale! Tu es un petit garçon très intelligent. Et tu sais quoi? Ça me réconforte que tu m'accompagnes, ça me redonne confiance. Pichou va revenir.

Félix se mord les lèvres et indique la direction à prendre. Il est devenu le chef des opérations, un chef qui a du mal à hausser la voix, certes, parce que quelque chose est pris dans son gosier, mais au moins, le sang afflue à nouveau vers son cœur. Il sent qu'il fait peut-être une bonne chose, s'il en est une dans les circonstances. Avec détermination, il indique les poteaux appropriés, la hauteur, l'angle, il applique la colle et Sylvie fixe les affiches au bon endroit. Ils forment une équipe du tonnerre. À la vue des poubelles qui dissimulent le cadavre de Pichou, Félix redevient anxieux et fait remarquer à Sylvie que les seuls poteaux qui restent sont plantés à l'intérieur des cours pour les cordes à linge. Il bafouille et a très chaud tout à coup. Sa gorge se serre. Il entend la voix du prêtre qui résonne dans sa tête, mais elle ne couvre pas la peur que ressent Félix à l'idée d'assister au chagrin de Sylvie, assis aux premières loges.

— Tu m'as beaucoup aidé, merci beaucoup. Eh! Je vais mettre la dernière affiche juste ici, qu'en penses-tu? Ces poubelles sont là en permanence.

Avant que Félix ait le temps ou le courage de protester, elle se dirige d'un pas résolu vers les grosses poubelles à roulettes, l'affiche déjà encollée à la main. Félix est figé sur place. Il connaît la suite des événements comme s'il les avait déjà vécus. Sylvie se penche pour placer la feuille sur le côté d'une des poubelles, elle aperçoit une patte blanche, ou est-ce un bout de la queue ? elle se penche davantage et son corps se recroqueville soudain au sol en criant « Pichou ? Pichou ! » Elle soulève le cadavre du chat qu'elle serre contre elle, malgré qu'il soit sale et peut-être déjà contaminé et Félix n'a d'autre choix que de rester là et d'attendre. Elle ne pleure pas encore, elle examine son chat qui fait le mort, quel grand comédien. Ses yeux l'inspectent, à la recherche d'une parcelle de vie restante, ils sont aussi ronds que des roues de voiture, on n'en voit que le brun qui brille et se liquéfie lentement. Elle marche vers Félix et tombe à ses genoux, lui présente un Pichou informe qui semble désossé. Elle caresse le chat en lui susurrant des mots d'amour, « mon pauvre petit minou ». Félix ne s'est jamais senti aussi mal de toute sa vie.

— Il est mort, peux-tu croire ça ? Il est mort !

Félix voudrait courir loin, loin, mais il craint que ses genoux lui fassent faux-bond s'il bouge. La fille croit comprendre que Félix la soutient et elle se permet enfin de vraies larmes, comme dans les dessins animés à la télé, des larmes qui émergent tel un torrent bien au-delà de ses cils. Ses longs cheveux bruns se mêlent au poil noir et blanc de Pichou alors qu'elle l'embrasse et lui chuchote des tas de mots que Félix croyait réservés aux amoureux. Il réprime sa répugnance, car franchement, le chat est plutôt dégoûtant. Il cherche quelque chose à dire et croit trouver, mais il est incapable d'articuler une seule parole, tout ce qui sort est une espèce de borborygme qui ressemble à un miaulement rauque. Au loin, sa mère l'appelle pour dîner, de cette voix claire et aimante qu'il reconnaît. Félix se racle la gorge avec force parce qu'il le faut, il lui faut dégager sa voix et pour cela, le chat doit être enterré ailleurs que là, dans sa gorge. Il aide Sylvie à se relever, la soulage du poids de Pichou et, avec sa main libre, il agrippe celle toute moite de sa compagne. Elle lui demande : « Comment t'appelles-tu ? » « Félix », répond-il. Il a maintenant un nom. Elle s'abandonne mollement à lui et se laisse conduire sans résister par ce bon petit garçon.

Il l'aime tant

＊

Je suis fou d'elle. Depuis que je l'ai rencontrée, chaque seconde qui passe sans que je puisse respirer son odeur est une seconde perdue, un espace-temps où je survis en attendant de retrouver ma substance, ma forme humaine. Près d'elle je me recompose, je perds tous mes handicaps.

(Tu es aveugle ? Elle est une roche. Elle est la roche qui te fait trébucher. Plusieurs fois par jour, tu t'étales de tout ton long, tu te fends l'âme un peu plus, tu lacères ton esprit, amenuises davantage le stock déjà déficient d'estime de toi. Mais)

. . .

— Je t'aime tant.

— Moi aussi, mon chéri. Mais je t'en supplie, enlève cette chemise, elle me fout le cafard. C'est drôle, chaque fois que tu la portes, je n'ai plus la moindre envie de t'embrasser. Pire, je te reconnais à peine. Ce tissu te

dévirilise, cette couleur avale ton teint, cette coupe te
sied tellement peu. On dirait qu'elle a été cousue par un
tailleur aveugle. Vraiment, ce n'est pas toi. Comme la
moitié de ce que contient ta garde-robe. Il faudrait que
je t'emmène faire les boutiques. Quoique tu es doté
d'un gabarit tellement particulier, je n'arrive pas encore
à décider de ce qui pourrait bien te mettre en valeur.

* * *

J'ai jeté le monstre qui mangeait et dénaturait mon
corps, le rendait tel un insecte nuisible à son désir. Je
ne voulais rien qui altérât son amour, rien qui empêchât
son regard de m'habiller d'une peau parfaite. Pendant
qu'elle colorait ses ongles de pied, assise sur le siège
des toilettes, belle comme une princesse sur son trône,
j'ai jeté la moitié du contenu de ma penderie, en espérant qu'il s'agisse de la bonne moitié (*tu as jeté bien
d'autres choses, tu ne t'en aperçois pas ? Cela se cache
entre le toi que tu n'aimes pas et celui que tu essaies
d'aimer à travers elle. Et puis, es-tu sûr de mettre ce
qu'il faut aux vidanges ?*) J'ai ajouté au lot mon complet Moore et mon chapeau de grand explorateur afri-
cain. Elle était ravie. Nous avons fait l'amour en exhalant
de grands râles sauvages au milieu des vêtements sacri-
fiés. Ses ongles de pied luisaient, rouges comme le feu
qui me dévorait, parfaitement limés, innocents (*elle est
elle-même, tu es le seul fautif. Mais*)

. . .

— C'était fantastique. Je t'aime tant.

— Moi aussi. Mais tu as joui un peu plus vite que d'habitude, non? À moins que ce ne soit moi qui ai pris plus de temps. En fait, j'ai semblé venir mais je ne suis pas venue. Si j'ai crié, c'est parce qu'un cintre était sur le point de me perforer le bas du dos. Ce que tu es lourd! Tu as un vélo stationnaire, et je ne t'ai jamais vu t'en servir. Tu aurais un si beau corps si tu perdais ce surplus de poids et te façonnais quelques muscles. Ne le prends pas mal, mais je suis persuadée que ton problème vestimentaire vient de ta posture. Tu te tiens trop voûté, on dirait que ton nez ambitionne de se rendre avant le reste de ton corps à destination, sauf certaines fois, comme lorsque tu es en érection. Tu aimes quand je te caresse comme ça, en te parlant? Hum, il semble bien que oui.

. . .

Dès son départ, j'ai dépoussiéré le vélo stationnaire et j'ai entamé ma course vers elle (*le combat contre ta véritable nature bedonnante*). Je me regardais dans la glace en même temps, imaginant les kilos de graisse fondante que je lui offrais en rampant à ses pieds, baisant les ongles incandescents qui éclairaient ma route. Je me regardais et je voyais bien ce qu'elle-même voyait, cet homme trop ordinaire pour elle, devant s'efforcer de rompre cet ordinaire pour la mériter (*de manière pi-toyable, mais chaque coup de pédale t'éloignant de toi, en fait, tu ne vois rien du tout*).

. . .

J'ai maigri généreusement. J'ai acquis une stature qui m'a valu quelques sérieux compliments : « Tu prends du mieux, dans quelques mois tu seras un nouvel homme. Toutes les femmes voudront de toi et alors, tu me quitteras sans te souvenir que c'est grâce à moi que tu te sens tellement mieux dans ta peau. » Je commençais à avoir une allure vraiment *cool*, en m'attifant de vêtements vraiment *cool* (*tu correspands maintenant davantage à l'image qu'elle se fait de celui qu'elle désire que tu sois*).

. . .

— Je t'aime tant.

— Moi aussi, amour. Tu sais, je reconnais à peine l'homme qui m'a séduite. Je ne serais pas surprise que tu aies une promotion. J'ai entendu le patron parler de toi. Il t'a dans sa mire. S'il te nomme adjoint à la direction des ventes, tu verras ton salaire et tes avantages sociaux doubler. Que dirais-tu si nous allions fêter ça tout de suite ? Surprise ! J'ai déjà réservé une table chez Adamo.

• • •

Une table située juste à côté du bar, vue panoramique sur nous. Elle connaissait tout le monde dans ce restaurant. Elle me présentait à de vieilles connaissances (*penses-tu... d'anciens amants*), elle leur roucoulait mon nom en caressant la nouvelle barbichette qu'elle adorait me voir arborer. Le vin et le bruit m'étourdissaient, je me suis soudainement senti mal, tellement que je me suis trompé (*c'est ce que tu crois*) en entrant dans les latrines réservées aux femmes. Je me suis affaissé sur le siège d'un cabinet, me suis massé les tempes en essayant de mettre de l'ordre dans mes idées. Deux femmes sont entrées et se sont mises à papoter en retouchant leur maquillage. Je pouvais les voir grâce à une fente entre la porte et le panneau.

• • •

— Elle est ridicule. On dirait un paon. Et lui, le pauvre, on ne le reconnaît plus. Il était si mignon, avant. Décidément, ils ne sont jamais assez bien.

— Un de plus à sa liste. Tu te souviens de Marco ? Et de John ? Henri ? Dire qu'il a laissé sa femme pour elle. Veux-tu bien me dire ce qu'elle leur fait ?

• • •

Mais je l'aimais tant. Et puis, parlaient-elles vraiment d'elle, et de moi? Avant de la rejoindre, j'ai regardé le reflet que je projetais dans le miroir (*pour t'assurer qu'il s'agissait d'un autre*).

Quand, ce soir-là, elle a désiré se bander les yeux pour faire l'amour, j'ai pensé à la conversation entendue dans les toilettes, j'ai pensé : « C'est ça, je ne suis pas encore assez bien pour elle ». Puis, je n'ai plus pensé. J'ai défait le foulard qui lui enserrait le crâne et lui recouvrait les yeux, pendant que je la pénétrais à ma manière (*tu ne te reconnais plus, dans cette ardeur*).

— Chéri, non, j'ai envie de ça.

— Ça? C'est quoi, «ça»? Tu n'as pas envie de me voir? Tu n'aimes plus ma barbe, tu trouves mes cheveux trop longs?

— Chéri, tu me fais mal, tu es lourd, tu m'étouffes.

— Ah! Encore trop gros? Je ne viens pas assez vite, cette fois? Quoi? QUOI?

• • •

J'allais et venais en elle, je me dépossédais, je la possédais, j'allais et venais. J'ai serré le foulard autour de son cou, son tendre cou. Au moment où j'ai accompli ce geste, je me suis aimé, tellement.

POINT DE SALUT

❖

« **M**esdames, je sais où se cache votre point G. Gilbert » Les yeux de Léa accrochent cette ligne qui se démarque des autres dans la rubrique « ExCroissance personnelle ». Les caractères gras, tous en majuscules et soulignés, sont difficiles à manquer. Ce type n'a pas lésiné sur les moyens pour attirer l'attention ; c'est ou bien un fumiste ou bien un réel spécialiste en analphabétisme corporel. Chacun des amants de Léa s'était cru plus adroit que celui qui l'avait précédé : elle avait été ramonée de fond en comble, aucun n'avait pourtant pu dépasser le C. Pour Clitoris, évidemment, le dernier recours, celui des pauvresses dont le vagin mime la mort dès la moindre tentative pour l'exciter. Elle relit l'annonce, s'assure qu'elle ne contient pas de fautes d'orthographe, la découpe minutieusement et la place sous son oreiller. Elle éteint la lumière et dépose la paume de sa main sur son pubis. Elle veut trouver ce fameux point de jouissance extrême avant de mourir. Léa en a marre de devoir écouter passivement les descriptions détaillées de ses collègues de bureau qui se vantent de leurs orgasmes fulgurants en mangeant des beignes pendant les pauses-café.

. . .

Ginette : Il a commencé à me minoucher pendant la partie de hockey, j'étais en train de coudre un bouton sur mon chemisier rose, j'avais peur de me rentrer l'aiguille dans le doigt pendant qu'il entrait le sien dans mon minou.

Geneviève : Comment ! Tu cousais les fesses à l'air ?

Ginette : Non ! J'étais déjà en pyjama.

Geneviève : Tu portes un pyjama ? C'est pas très érotique, ma foi, ça te ressemble pas.

Ginette : Mais non, c'était une sorte de *baby-doll*, à demi transparent. Greg adore ça. Ça recouvre à peine les fesses, mais c'est juste assez décent, au cas où on sonnerait à la porte et que je doive ouvrir.

Geneviève : Comment ! Tu irais répondre à la porte dans cette tenue ?

Ginette : Greg adore ça, que je m'expose aux inconnus. L'autre soir, il a fait venir une pizza et m'a demandé d'aller répondre au livreur, j'étais à peine vêtue, un petit une-pièce vaporeux qu'il m'a acheté dans une boutique érotique. Je portais des talons hauts, j'avais du mal à tenir en équilibre, mais ça aussi, ça excite Greg.

Geneviève : Hmmm, oui, je vois.

Ginette : Il se branlait pendant que je payais le livreur qui semblait sur le point de s'évanouir. Greg, le coquin, avait placé un miroir en biais de la porte pour voir la tronche du gars, paraît qu'il avait les yeux exorbités pendant que je me penchais pour prendre mon portefeuille que j'avais laissé exprès par terre. C'est plutôt excitant de se faire reluquer comme ça par deux gars à la fois, surtout quand ils sont habillés et que je suis presque nue.

Léa : Ça ne te gêne vraiment pas, de t'exhiber ainsi ?

Ginette : Depuis que Greg a trouvé mon point G, il peut me demander n'importe quoi, je suis son esclave. Ma petite porte d'amour est toujours ouverte.

Geneviève : Oui, le point G, c'est le nirvana. Quand on a connu ça, on veut plus rien savoir des orgasmes clitoridiens. Roger a trouvé le mien par accident, il traînait dans le coin avec son majeur et j'ai ressenti comme une envie de faire pipi. Ça n'a pas tardé, je veux dire, de jouir. Et toi, tu l'as trouvé toi-même *ou tu as été aidée* ?

Léa : Bien sûr que non, qu'est-ce que vous pensez, que je passe mon temps à me triturer moi-même parce que je suis célibataire ?

Ginette : Pourquoi pas ? Avant Greg, j'utilisais un vibrateur quo-ti-dien-ne-ment, pas question que je me laisse dessécher ! Je peux te le refiler si tu veux, je ne m'en sers plus, tu n'auras qu'à le désinfecter. Il est ultra efficace, très *high-tech*, avec un petit truc pour titiller le clitoris, au cas où tu en serais encore à ce stade.

Léa : Merci, j'ai tout ce qu'il me faut.

Geneviève : Ah bon, parce que tu ne nous parles pas souvent de tes activités sexuelles, tu vois.

. . .

Léa rallume, s'empare du petit bout de papier dentelé et relit l'annonce plusieurs fois, mot par mot. Elle ne peut pas croire qu'elle va faire ça. Ce type est peut-être un maniaque sexuel, qui découpe ses victimes en morceaux et n'en conserve que le point G pour sa collection personnelle. Elle imagine des tas de points en forme de G flottant librement dans un pot rempli de formol. Elle ferme les yeux, soulève le bas de sa robe de nuit et commence à se caresser aux endroits habituels. Le doigt coincé entre les replis secs de sa tendre anatomie, elle tombe endormie avant d'atteindre quoi que ce soit.

En se réveillant, elle passe en revue tous ses ex-amants : Michel, André, Denis, Bernard, Marie. Aucun de ces prénoms ne contient la lettre G et aucun n'a d'ailleurs réussi à la mener au-delà de ses habituels orgasmes superficiels. Enfin, elle ne les croyait pas superficiels, elle en était même plutôt satisfaite avant d'entendre parler de ce maudit point fantôme. Greg, Roger, Gilbert... la lettre G dans le nom est-elle un préalable ? Ginette, Geneviève... Mon dieu ! Chez les femmes aussi ! Elle est loin du compte, avec Léa, elle le sera toujours ! Elle applique un peu de lubrifiant sur le bout de son majeur et l'enfouit en elle, avec une grimace de dépit. Fouille à gauche, à droite, en haut, en bas, le plus loin que le lui permet la longueur de son doigt, rien de spécial. Aucun renflement particulier, aucune dénivellation à signaler qui paraisse susceptible de pouvoir lui arracher le plus petit soupir. À vrai dire, elle se sent un peu idiote et ce sentiment l'envahit totalement en repensant à l'annonce du matador. Elle retire son doigt, l'essuie sur sa taie d'oreiller et se lève, bien décidée à ne plus penser à ce point stupide ni à se laisser influencer par ses collègues libidineuses.

• • •

Ginette : Les filles, soyez jalouses de mes poches sous les yeux, j'ai passé la nuit à baiser.

Geneviève : Raconte !

Ginette : Greg avait loué un film. Wow ! Il faut absolument que vous voyiez ça.

Geneviève : Le titre ? Attends, je note.

Ginette : *Le Plombier II.*

Geneviève : II ?

Ginette : Oui, ils en sont au deuxième, c'est une espèce de série sur les métiers, ils ont les policiers, les plombiers, les prêtres et les médecins spécialistes en minous.

Geneviève : Les vétérinaires aussi ?

Ginette : Noooon ! Tu es bête ! Les gynécologues ! Donc, l'actrice principale, une parfaite inconnue, en tous les cas je ne l'ai jamais vue dans d'autres rôles, est complètement désespérée quand elle constate que l'eau ne coule presque plus du pommeau de sa douche. Elle téléphone au plombier. Arrive ce type, je vous dis pas, ouah! un taureau! Il inspecte d'abord la fille sans qu'elle s'en aperçoive, on devine qu'il a des intentions autres que la seule réparation de sa plomberie. Elle n'est vêtue que d'une serviette enroulée autour d'elle, une très petite et mince serviette qui tient par sa grosse poitrine, des obus, je vous laisse imaginer, plus gros que ça elle tombe par devant. Il tripote quelques machins autour des tuyaux sous le bain, ça devait pas être très sérieux comme problème, ça ne lui a pris qu'une minute. Il lui dit : « Voilà, ma petite dame, je pense que ça va faire l'affaire, mais peut-être que vous devriez l'essayer pendant que je suis là. » La fille a l'air surpris, c'est normal, on le serait aussi, mais elle s'exécute et elle se lave de la tête aux pieds et très sensuellement devant le plombier qui affiche cette super érection, un taureau, je vous dis. Il finit par la rejoindre et bon, ils font tous les trucs qu'il est possible de faire à la verticale. Mais, et c'est là que l'action commence vraiment, la coloc de la fille arrive, elle est en sueur, elle vient de faire du jogging, elle a besoin de se rafraîchir, c'est normal. Quand elle voit que la douche est occupée, elle se dirige vers la porte sauf que, tenez-vous bien, le plombier est encore hyper bandé et il se trouve que la première fille est aussi lesbienne, alors ils se retrouvent à se savonner à qui mieux mieux pour

finalement échouer au lit mais là, le chum de la première se pointe, on pense qu'il va être contrarié mais pas
du tout, il enlève tous ses vêtements et il se joint à eux
et la scène finale est délirante : ils sont tous comme à la
queue leu leu, le plombier a son machin dans la bouche
de la coloc, elle est à genoux devant lui tandis que
l'autre gars a sa queue enfoncée en elle par derrière.

Geneviève : Arrête, je mouille ! Et la première, la
aussi-lesbienne ?

Ginette : Euh, attends, oui, elle manque... ah oui, elle
se masturbe en regardant la scène. Et nous aussi, dans
notre divan, bien entendu, c'est irrésistible, on était
mouillée et bandé comme ça se peut pas. On a batifolé
presque toute la nuit en écoutant Donna Summers, Greg
adore baiser disco, on danse même, parfois, ça nous
excite avant le grand saut. Et vous, qu'est-ce que vous
avez fait, hier soir ?

Léa termine son café en déglutissant bruyamment.
Elle répond une ineptie, un mensonge qui la fait rougir
(«Rien de spécial, mais je me suis réveillée en pleine nuit
après un rêve fortement érotique, ce doit être à cause
de toutes vos histoires, et j'ai dû me masturber pour me
rendormir», ce qui lui vaut les applaudissements de ses
collègues) et va s'enfermer dans la salle de bain. Elle
relève un pan de sa jupe et se fait venir plus rapidement
que jamais grâce à son bon vieux clitoris.

. . .

Gilbert n'a rien du libidineux musclé et arrogant quarantenaire auquel s'attendait Léa. La conversation succincte qui a précédé leur rendez-vous n'avait pour but que de s'entendre sur un lieu de rencontre. Cela avait plu à Léa, qui craignait une interminable description de la méthodologie réservée aux clientes de Gilbert et qui l'aurait sûrement intimidée. Parler de sexe avec un inconnu n'est pas dans ses habitudes, quoiqu'elle ait acquis une certaine expertise dans l'écoute, grâce à ses collègues. Il pénètre sur la pointe des pieds dans la chambre 33 du motel du Rond-Point qu'a réservée Léa, comme s'il craignait de la réveiller, alors qu'elle est pourtant assise bien droite dans l'unique fauteuil, les mains sur ses genoux. Un portrait de vieille fille faussement sage qui attend sa punition, voilà ce qu'elle évoque à Gilbert, qui tente de capter le potentiel érotique de Léa : une bonne fessée du plat de la main, sur les fesses qu'il devine plates mais réceptives, voilà ce qu'il lui faudrait pour la surprendre et la dégeler. Gilbert est touchant, avec ses lunettes rondes cerclées d'or, sa barbichette bien taillée en bouc, sa calvitie naissante formant une couronne tranquille autour de son crâne ovale. Un professeur d'histoire égyptienne, voilà ce qu'il évoque à Léa. Cela lui plaît et l'aide à relaxer, cette allure un peu désuète, réconfortante. Elle décroise ses mains et de la droite, elle se caresse la joue jusqu'à son cou, la glisse dans son décolleté dans une attitude qu'elle croit provocante. Gilbert dépose sa mallette près de la porte, referme celle-ci en prenant soin de ne faire aucun bruit, enlève son pardessus et l'accroche sur la patère où repose déjà le manteau de gabardine de Léa. Il renifle discrètement le tissu beige et brun, apprécie le parfum délicat de lavande qui s'en dégage. Cette odeur lui rappelle la fragrance des draps de son enfance, que sa mère rinçait avec de l'eau de Provence. Son pénis palpite légèrement à l'évocation de ce souvenir ; n'aimait-il pas se frotter, jeune adolescent, entre ces draps propres et craquants ? L'environnement est profondément silencieux, mis à part le vrombissement continu des voitures sur l'autoroute. Il a été entendu avec Léa, lors de leur brève conversation téléphonique, qu'il ferait économie de mots lors de l'« expérience » — voilà comment il a appelé cela —, de manière à ne pas encombrer l'esprit de Léa avec trop d'informations inutiles qui l'empêcheraient d'aller dans ses sensations. Le fond sonore crée un léger bourdonnement hypnotique propice à l'« expérience », pas désagréable du tout. Il lui faudra retenir le nom de ce motel pour quelques-unes de ses clientes. Pourtant, il a le pressentiment que ce n'est pas de silence dont Léa a besoin, au contraire.

Il demande à Léa de se déshabiller et il donne l'exemple en se débarrassant de tous ses vêtements, ne conservant qu'une espèce de survêtement de corps blanc qui le couvre du cou aux chevilles. Léa cache son étonnement ; cet attirail n'a rien de très érotique et pourtant, elle sent un frémissement chatouiller le pourtour de son crâne. Elle choisit de garder le petit deux-pièces assorti qu'elle a acheté pour l'occasion, ses premières fanfreluches un tantinet exotiques. Gilbert lui ordonne sèchement de les retirer ; la vérité est qu'il a les sous-vêtements rouges en horreur, surtout s'ils sont agrémentés d'oursons blancs. Léa s'exécute en frissonnant. Elle n'ose demander la même chose en retour, après tout, si elle paie Gilbert, c'est pour qu'il prenne les commandes, il doit savoir ce qui convient dans les circonstances. S'il préfère demeurer habillé et qu'elle soit nue, c'est que ça doit faire partie des procédures.

Tandis que Léa s'installe entre les draps frais et rêches et tire la couverture jusque sous ses seins, Gilbert ouvre sa mallette et en sort un appareil radio. Il appuie sur un bouton et une musique disco envahit la pièce et l'emplit de couleurs inusitées. Il commence à se contorsionner au son de la musique, on dirait une publicité avant-gardiste pour Fruit of the Looms, et défait les boutons de sa combinaison jusqu'au bas du torse. Ce petit homme pourrait paraître grotesque en un tel moment, surtout quand il fait émerger son pénis turgescent de la fente de la culotte et que le membre tendu se dandine en même temps que les autres membres plus malingres. Pourtant, Léa assiste sans rire à ce spectacle, elle attend tout simplement la suite, comprenant qu'il doit s'agir d'un rituel destiné à précéder un acte plus important. Il y a toutefois quelque chose de comique dans tout cela ; cet homme censé l'aider à découvrir le point le plus sensible en elle est là à exhiber sa queue plus grosse que le reste de son corps au son de Donna Summers et il exécute sa danse le plus sérieusement du monde. Il lui avait pourtant mentionné que son pénis ne serait pas utile pour l'«expérience». Qu'est-elle vraiment supposée penser, faire? Elle se lève et le rejoint sur le tapis gris, lui fait face en cambrant le haut de son corps. Il lui commande de se retourner, de se pencher et de déposer ses mains sur le pied du lit. Puis il lui frappe les fesses du plat de la main et ensuite avec sa queue, ce qui produit des sons d'applaudissements. Léa imagine une petite foule de gens tout habillés qui assistent à leurs ébats et cela l'excite au plus haut point. Alors qu'elle est toujours dans la même posture qui, en d'autres temps, la ferait rougir de honte, il la pénètre à l'aide d'un vibrateur étroit, ou s'agit-il d'un autre instrument? La musique joue toujours, «I will survive» rythme leurs mouvements. Gilbert sait bien manier ce bâton, il en frotte l'extrémité sur une paroi que Léa croyait insensible mais en deux minutes, alors qu'elle se sent sur le point d'uriner, elle explose et s'effondre, liquéfiée. Devant ses yeux mi-clos, Gilbert remet sa queue dans son caleçon, se rhabille doucement, prend le chèque que Léa avait déposé sur la table de chevet et sort avec ses affaires sans dire un mot, l'abandonnant hébétée sur le tapis. Elle s'endort vite, aussi détendue qu'un mollusque.

• • •

Geneviève : Maudit lundi. Vous savez quoi ? Roger n'a pas pu venir, hier soir. Je me suis presque déboîté l'articulation du bras droit et il ne s'est rien passé, à part son pénis qui était tout irrité.

Ginette : Ça doit être dans le ciel, parce que Greg était dans un foutu état, il ne voulait même pas que je le touche. Je portais pourtant le dernier déshabillé qu'il m'a acheté, tu sais, le rose avec des oursons blancs imprimés sur les seins.

Geneviève : Mouais. Surprenant que les nounours fassent bander qui que ce soit. Ton mec me surprendra toujours. Et toi, Léa, tu n'as rien fait, ce week-end ? Tu as un drôle d'air.

Léa : C'est possible, j'ai un peu bu, ça m'arrive parfois, de prendre un verre ou deux pour me détendre. En fait, j'ai loué un film XXX, *Le Professeur*.

Ginette : Pas un de la série du Plombier ?

Léa : Je ne sais pas, peut-être.

Geneviève : Raconte. Ça va peut-être nous consoler.

Léa : Il s'agit d'une vieille fille, enfin, on imagine que ç'en est une malgré qu'elle est très sexy, c'est ce que sous-entend le texte, je veux dire l'image. Elle répond à une annonce, un type qui propose ses services d'escorte spécialisée en points G introuvables. Bref, ils se rencontrent dans une chambre d'hôtel, ils s'ébrouent comme on peut se l'imaginer et le moment culminant est la trouvaille du fameux point. La fille est anéantie, inassouvie et se lance à la poursuite du matador dans les rues avoisinant le motel, à moitié nue sous son manteau. Elle est ramassée par deux types qui la violent, mais il semble qu'elle aime ça parce qu'elle en redemande.

Ginette : C'est tout ?

Léa : Oui.

Ginette : Ou tu racontes mal ou c'est vraiment nul, ton film.

Léa : Je n'ai pas le don des détails comme vous deux.

Geneviève : Couche-toi tôt ce soir, tu as une sale mine.

· · ·

Léa ne parvient pas à s'endormir. Des visions mitraillent son cerveau tandis qu'elle fouille son vagin à l'aide d'un petit vibro-masseur tout simple qu'elle s'est procuré. Ça ne marche pas, ça ne marchera jamais, son corps est analphabète. Elle éteint l'appareil et au lieu de se triturer l'intérieur, elle s'imagine, étendue sur son manteau de gabardine, en train de se faire violer par deux hommes aux têtes de professeurs d'université. Ils ont au préalable déchiré ses sous-vêtements rouges à nounours. Ils la pénètrent à tour de rôle en prenant bien soin de stimuler son clitoris pour la mener à des orgasmes fulgurants. Ce sont de vrais gentilshommes qui ont sûrement lu le rapport Hite, pour connaître aussi bien la femme. Elle s'endort, sans s'apercevoir qu'un petit morceau de papier journal est collé contre sa tempe moite.

DANS LA BOÎTE

❖

*T*oi...

Toute petite comme on l'est à six ans, tu sais, plus
d'os que de chair, tu passes inaperçue dans ta robe bleue,
une robe d'écolière du dimanche, bien repassée, aucun
mauvais pli visible. L'odeur des fleurs est assourdissante,
elle colmate chaque pore de ta peau, tu peux les goûter
jusque sur ta langue, une doucereuse saveur de jour de
pluie. Ton papa est étendu sur le dos, tout raide ; il ne
dort pas, personne ne pourrait dormir autant. Tandis que
des gens se déplacent sans cesse autour de toi, s'arrê-
tent pour caresser ta frange sur ton haut front (ce toupet qui tombe sur tes yeux comme un rideau mais ne
t'empêche pas de voir la pièce qui se joue), tu as le sentiment de te trouver sur une planète lointaine, et que
les personnes qui tanguent sur le plancher de cette terre
étrangère sont des excroissances du sol, des plantes,
des racines tordues. On aplatit cette mèche tombante
en murmurant des mots de circonstance, tristes, qui te
rendent encore plus triste, quoique tu ne saches pas s'il

faut être triste ou autrement, mais il semble que ce soit le sentiment approprié.

Ta maman est méconnaissable dans cette jungle : vêtue d'une robe noire aux fines bretelles qui dévoilent des épaules fatiguées, on dirait qu'elle s'est préparée pour une soirée de gala. Le rouge sur ses lèvres fait paraître ses dents encore plus blanches lorsque, accidentellement, elle les laisse apparaître. Elle sourit, beaucoup, d'un certain sourire. Toi, tu ne souris pas, tu essaies seulement de ne pas te demander si ce qui se passe est important. Mais ce doit l'être, puisque tant de gens sont venus. Sont venus voir ton papa couché dans cette boîte. Prendre ta maman par l'épaule. Lisser ta couette plus et plus encore, lui donner du luisant. Jamais on ne t'a autant touchée.

Personne ne t'a dit qu'ils allaient mettre cette boîte dans un trou. En fait, on ne t'a rien dit sur rien. Lorsque ta maman a jeté une poignée de terre sur le couvercle, puis un chrysanthème blanc, lorsque tu as entendu le son de la terre heurter le bois et vu la fleur disparaître dans la pénombre du cratère, quelque chose s'est fermé en toi. Ça n'a pas fait de bruit, ça n'a pas fait mal, c'est arrivé comme ça. L'as-tu même remarqué ?

Ta maman, dans sa robe de star, serre les mains, sourit encore. Tu te souviens maintenant lui avoir déjà vu ce sourire. À ton dernier anniversaire, lorsque tu as soufflé les six bougies, juste après que papa ait appelé pour dire qu'il ne serait pas là à temps pour le repas, comme souvent. Le repas était mangé, il restait bien le gâteau. Mais le gâteau aussi s'est mangé sans lui. Comme souvent, tu voulais rester debout jusqu'à son retour, elle ne voulait pas, il serait trop tard. Toi-même tu n'as jamais beaucoup souri autrement qu'en pinçant les lèvres.

Maintenant, ta maman te prend par la main. Elle semble à la fois détendue et crispée, comme si elle ne parvenait pas à décider de l'attitude à adopter. Elle te montre à d'autres gens que tu n'as jamais rencontrés, qui te tapotent pourtant la tête comme s'ils avaient un droit sur elle. Tes cheveux sont une mappemonde d'empreintes de doigts. C'est drôle, tu ne comprends aucune des paroles de ces inconnus, les lèvres remuent, sans aucun doute prononcent-elles des paroles gentilles, car elles sourient. Est-ce que tes oreilles sont bouchées? C'est peu probable, tu entends toujours le «ploc» de la terre meuble contre le bois. Comme une prière, une répétition, quelque chose qu'on te commande de ne pas oublier.

Tes mains te posent problème, tu ne sais pas quoi en faire, elles deviennent nerveuses. Elles se mettent à errer dans le fond de tes poches, à la recherche d'un objet à toucher, une petite boule de poussière à rouler entre tes doigts. Tu entends ton cœur tout à coup, il fait «ploc-ploc-ploc», tu es certaine qu'on peut l'entendre à des lieues, par-dessus le chant des oiseaux, le vent dans les arbres, le murmure des voix. Plantée comme un piquet, tu vas prendre racine, tes pieds ne pourront plus jamais déplacer ton corps, te mener ailleurs, sur un autre sol. Mais non, ta maman prend ton bras et te fait bouger vers l'endroit où est ton papa, loin, loin sous la surface, car le trou est maintenant comblé. Des tonnes de terre à travers lesquelles tes yeux essaient de voir, entre les mèches, entre les parcelles de terre, les vers de terre, les cailloux, derrière le bois du cercueil, sous le satin collé contre le bois. Tu retiens ton souffle. Mais ta maman te tire à nouveau, petit paquet mou, juste quand tu allais revoir ton papa. Ça a toujours été comme ça.

. . .

Maman...

Tout le monde te regarde. Ta tenue n'est pas correcte, ton maintien non plus. Ces épaules dénudées, ce sourire trop éclatant appliqué sur ta figure maquillée d'une autre substance que le chagrin n'appellent pas à la compassion de circonstance. Les femmes te zieutent du coin de l'œil, se sentent coupables de ne pas pouvoir t'aimer en ce moment, les hommes te reluquent en réprimant des pensées. Tu es veuve, ils ne sont pas veufs, quel dommage. Ta peau semble si douce sous le satin. Quels produits utilises-tu donc ? Toutes ces femmes dures et rêches se le demandent. Elles se posent des tas de questions incompatibles avec un jour de funérailles. Elles adorent avoir la tête ailleurs, comme certaines adoreraient être à ta place, pour des raisons qu'il ne serait pas catholique de s'avouer.

L'homme dans la boîte est, était un monstre, toi seule le sait. Tu as décidé d'enterrer le monstre avec pompe pour célébrer ta délivrance. Sous le satin de ta robe se cachent des plaies, des restes indélébiles de ta sottise. L'autre reste, la petite fille, se cache dans tes jupes. En ce moment, tu ne sais pas quoi faire de cette extension de lui. Tu aurais voulu l'enterrer aussi, oh pas la fillette, juste ce qu'elle signifie. Elle te rappelle que tu as un jour aimé, ou cru aimer, le monstre. Tu vois bien que la fillette est égarée, maintenant et depuis toujours, mais tu es toi-même si occupée à trouver le chemin depuis tellement longtemps que tu aurais bien du mal à le lui montrer.

Les gens font semblant d'avoir de la peine pour toi ; au contraire, ils devraient se réjouir. Si tu soulevais le bas de ta robe, ils pourraient toucher sur ta cuisse cette ecchymose qui a refusé de guérir. Un peu plus haut, une entaille en forme de fleur fanée, lustrée par le temps. Sous le nombril, la trace de ses dents, un point de croix grossier, une bordure saillante qui dit ce que ton sourire s'applique à taire. Tu te souviens de tous ces accrocs dont fut brodée ton existence aux côtés du monstre, lorsqu'il était presque là. Eux, qu'en savent-ils et qu'en sauront-ils jamais ?

La petite ombre te suit, tandis que tu te faufiles entre les autres ombres, celles qui te tendent la main en susurrant des mots censés t'encourager à supporter ton deuil, alors qu'elles se faisaient fantômes quand le

besoin criait. Quelle absurdité ! Tu aurais raison de t'es-
claffer, de te laisser tomber sur le sol et de te rouler
dans la terre en te serrant les côtes, maculant ta belle
robe de boue, raison de rire plus encore en voyant leurs
visages ulcérés, créer un scandale, te faire tenir pour folle.
Cette bigoterie hypocrite te lève le cœur. Alors que le mari
de l'une lorgne ton décolleté, la femme de ce mari te
récite un passage de la Bible en souriant avec commisération. Elle tapote la tête de la petite ombre qui elle,
cherche ta main. Sa peine te semble étrangère. Elle te
dit : « maman, j'ai faim ». Sa voix claire et fine comme un
cristal t'écorche les oreilles. Tu n'as jamais voulu lui
faire du mal, mais même si tu ne le voulais pas, le mal
est fait. La nourriture qu'elle te demande est facile à
trouver. L'autre nourriture, tu n'as jamais su la lui pro-
curer. La protéger du monstre t'a semblé ta seule prio-
rité. Il ne l'a jamais touchée ; pourtant, on dirait que si.
Tu ne comprends pas.

Tu as faim aussi. Cette comédie s'étire comme un
élastique dont on ne connaît pas la capacité à s'allonger
sans casser. Lorsque la boîte sera six pieds sous terre,
lorsque tu seras certaine que le monstre ne pourra plus
en sortir et que tous les clowns auront réintégré leurs
appartements (salle de télévision, cuisine, taverne, lit de
la voisine) et remis leur véritable visage (indifférence,
oubli, je-m'en-foutisme, déni), tu emmèneras la petite
manger un hamburger, une frite, n'importe quoi. Elle
mérite bien n'importe quoi. Et puis vous irez voir un film

drôle, qui lui changera les idées. Elle aura droit aussi à une nouvelle robe, ou un pantalon à jambes larges comme c'est la mode. Tu peux imaginer, en faisant un effort, que perdre son papa à six ans est bien pire que perdre son mari à quarante. Mais cela ne produit rien en toi, aucune émotion connue, du moins. Tu flottes dans un *no mans' land* presque confortable, qui se trouve à la limite du plaisir, car ne rien sentir, pour un temps aussi court soit-il, relève presque de cela, du plaisir. Cette planète où il t'apparaît soudainement possible de déposer les deux pieds sans y trébucher, sans recevoir de coups, sans entendre vociférer te semble fictive, mais elle est bien réelle et tu y marches actuellement, prisonnière de la petite main.

· · ·

Lui.

Il fait noir, bien sûr. Pas ce noir opaque dans lequel tu as été plongé toute ta vie, mais un noir plutôt fluide, où il te semble mieux respirer. Ce que ta vie était lourde. Cette enfant qui t'attendait, cette femme que tu essayais d'aimer, ce corps et cet esprit malades qu'il te fallait traîner jour après jour. As-tu des regrets ? Faut-il en avoir ? Es-tu responsable de tout ce qui t'est arrivé dans cette vie ? Qui s'en soucie, maintenant ? Le satin du cercueil est beaucoup plus confortable que les draps du lit dans lequel tu devais te battre avec ton animosité. Tu détestais la vie, tu la mordais, la molestais, cherchais à t'en échapper en prenant des portes de sortie qui s'avéraient scellées, sans issue. Ces moyens détournés attisaient davantage ta colère, tu sais, cette colère venue au monde en même temps que toi.

Vois comme ta femme est étrangement belle en ce jour. Tu te souviens de ce matin d'automne, au lendemain d'une nuit liquide ? Tu avais jeté ta bouteille dans le miroir où elle s'admirait, fracassant son reflet en éclats malheureux. Tu ne pouvais supporter cette beauté qui mettait en évidence ta face cachée et laide. D'accord. Tu peux cesser de te morfondre. Repose-toi. Profites-en, on donne un spectacle en ton hommage. Assistes-y : tu es à ton aise ? Pas trop frisquet, là-dedans ? Ta petite fille, d'abord. Frêle et mignonne, complètement perdue. Personne ne lui a parlé de quoi que ce soit, cela semble évident. Qu'est-ce qu'elle peut bien tortiller ainsi dans sa poche ? Ta mère se dandine sur une jambe et sur l'autre, ses varices la font souffrir. Elle évite de croiser le regard de ta femme, la rend responsable de ta mort. Avoue qu'il y a de quoi rire. Il émane d'elle une telle haine, à se demander comment une charge aussi virulente ne suffit pas à tuer. Ton père, le type au nez rouge, cet abruti notoire qui boit comme un poivrot. Lui, il l'aime, ta femme. Si tu savais à quoi il pense en ce moment. C'est vrai qu'elle est très sexy, aujourd'hui, plus encore que de ton vivant. Ta mort lui confère une espèce de beauté agressive, amusant non ? Ses parents à elle ressemblent à un couple de macchabées, deux morts se croyant vivants. Personne ne sait qui tu étais vraiment, sinon qui aurait sacrifié pour toi un si bel après-midi? Oh, parce que tu ne peux pas le voir du tombeau où tu es coincé, mais il fait un soleil resplendissant. Le vert tendre des nouveaux bourgeons dépose une touche très poétique au-dessus du cèdre patiné de ton cercueil. Dommage que tu manques tout cela.

Ta petite fille te cherche, c'est tellement triste et pourtant, tu ne pleures aucune larme sur elle. Tu es un vrai salaud. Ta femme panse encore ses meurtrissures, elle les ravale derrière ces sourires difficiles. Gageons qu'il se trouve dans le coin un type qui l'aidera à se remettre de cette erreur de parcours qui porte ton nom. Tiens, ce lointain cousin à toi qui la regarde avec intelligence, tu sais, cette manière qu'ont certains hommes de considérer les femmes comme des êtres humains. Tu ne sais pas, bien sûr. Quoi, tu sourcilles? Tu ne pouvais pas la toucher sans laisser de marques et la pensée d'une véritable caresse qui ne soit pas de toi sur son corps te fait mal? Tu aurais donc des sentiments? Ah, il est bien temps! Eh bien, souffre, mon vieux, mange de la poussière, c'est à ton tour. C'est drôle, il y a quelque chose de réjouissant à te voir ainsi, impuissant devant les événements. Tu as eu tout le temps pour agir, et vois ce que tu en as fait. Tu es bien le fils de ton père, et celui de ta mère. Un sous-produit d'un sous-produit. Regarde encore. Ta femme jette un chrysanthème blanc sur ton cercueil. Tu entends la terre qui tombe, n'est-ce pas effrayant? Tu t'es réjoui bien trop tôt de ton nouveau confort, ton supplice ne fait que commencer. Tu as du mal à respirer, subitement? Tu te souviens de ces histoires de purgatoire dont tu riais à la petite école? Comme c'est ironique. Allez, dis tes prières, si tu te souviens d'une seule. Il est à craindre que tes chansons d'ivrogne ne te soient ici d'aucun secours.

La mort d'un dogue

❖

Tristan et Bérénice. Deux enfants des temps modernes, ornés de prénoms scintillants démontrant le souci parental de bien les couronner dès leur naissance. De jolis prénoms pour de gentils enfants de six ans comme les autres, à l'exception que ceux-ci iront à l'école privée et ne seront privés de rien. Deux futurs prix scientifiques ou littéraires, déjà intrigués par cette eau fixe qui brille et lance des éclats sous le soleil glacial de l'hiver, captivés par la poésie émanant de cette masse translucide et reptilienne allongée sur des surfaces autrement banales. Cette glace veloutée et alléchante sur le fer forgé du balcon de Bérénice.

Il devait s'avérer absolument mignon de les voir d'un commun mouvement se pencher par-devant, leurs petits derrières pointés vers le ciel blanc et vide, puis de tendre la langue vers la surface gelée pour en tester le goût. Autrement comique d'assister à l'expression effarée et synchronisée de leurs minois lorsqu'ils constatèrent qu'ils ne pouvaient plus s'en détacher. Les enfants sont capables d'actes si spontanés, c'est charmant.

Tristan fut le premier à tenter de se dégager de sa mauvaise posture en tirant sa tête vers l'arrière, arrachant ainsi un microscopique lambeau de peau de sa langue rosée, sans pourtant le libérer. Elle picota et dégagea un léger goût de sang. Bérénice, de son côté, gémissait en tentant de traduire par des gargouillements incompréhensibles, sortes de hiéroglyphes vocaux, ses symptômes émotifs multiples. Elle louchait du côté de Tristan en chuintant : « Krichtan ! Au checours ! » Tristan, lui, cherchait par tous les moyens à décoller sa langue de la glace en la triturant avec ses doigts transis. Il en résulta un peu plus de douleur, un peu plus de sang et une confusion terrible dans son esprit. Il baragouina un piteux : « Béréniche ! » en essayant de garder son sang-froid, car il était l'homme des deux, donc la personne ressource numéro un en cas de crise. Il prit la main de son amie, serra la mitaine qui abritait des doigts aussi gelés que les siens en se demandant si un jour quelqu'un les apercevrait et viendrait à leur secours. Il imagina la lame d'un long couteau acéré s'insérant dans l'espace inexistant entre la glace et sa langue, le condamnant à tout jamais à prononcer « Béréniche », se couvrant de ridicule au jour de leur mariage. Krichtan et Béréniche, le couple aux langues sinistrées par un jour de givre.

Bérénice commença à éprouver une peur terrible, celle de mourir réfrigérée sur son balcon arrière après s'être fait pipi dessus, car elle commençait à ressentir le besoin d'évacuer le demi-litre de lait bu un quart d'heure plus tôt. Elle pensa également qu'elle n'aurait jamais eu le temps de dire à Tristan combien elle l'aimait, et cela, depuis le premier jour de leur rencontre, alors qu'ils avaient un an et demi. Elle s'en souvenait comme d'hier. Leurs mamans respectives, probablement fatiguées de pousser leurs landaus, s'étaient arrêtées pour s'asseoir sur le même banc, provoquant ainsi le moment qui allait sceller le destin des deux angelots. Bérénice se remémora un détail avec émotion (tandis que sa langue commençait à figer dans l'espace ouvert de sa bouche aux lèvres légèrement bleuies) : Tristan portait un chandail matelot bleu et blanc, identique au sien. Elle avait alors compris que le hasard n'existait pas et s'était enorgueillie d'être aussi intelligente, car une notion aussi mystérieuse n'est pas accessible à tous (cette intelligence qui ne saurait pourtant la prévenir, un jour lointain, de coller sa langue sur une surface glacée). Tristan, du fond de sa poussette, cherchait mine de rien les courbes en devenir sous les rayures du chandail de sa future, mais bien entendu, il ne voyait rien parce que rien n'y était encore. Mais en son for intérieur, il se disait que sous ces plates rayures se cachait le plus sensible des cœurs et que c'était l'important dans la vie, une vie qui à partir de là prenait tout son sens. Car s'il était capable de si nobles pensées, il était déjà un grand penseur, quel réconfort pour les années à venir. Les mamans jacassaient sans se douter que sous leurs nez naissait la plus belle des histoires d'amour outremontoises. Les petits oiseaux du parc Pratt pépiaient à tue-tête, comme pour saluer le début de cette romance, les écureuils voltigeaient gracieusement de branche en branche et les fourmis creusaient de somptueuses galeries sous les roues des poussettes des nouveaux tourtereaux.

Tristan acceptait difficilement de s'être fait avoir ainsi. Il aurait dû protester lorsque Bérénice avait détourné son attention de l'idée de construire un super phare dans lequel ils pourraient *tout faire*, dans le but de lui montrer combien le givre recouvrant toutes les surfaces était beau. Il donnait trop de crédit à Bérénice dès qu'elle ouvrait la bouche, cette si jolie bouche constellée des restes du gigantesque chausson aux pommes qu'ils avaient dévoré avant d'aller jouer dehors pour dépenser les calories ingurgitées, selon Bérénice qui se vouait à une carrière de nutritionniste. Mais Bérénice avait toujours raison et même si ses théories étaient des plus farfelues, Tristan se faisait un plaisir d'encourager sa tendre moitié à en formuler plus et plus encore.

Un léger bruit de griffes qui raclaient le sol arracha Bérénice de ses roses pensées et lui tira un petit cri de gorge. Tristan resserra son étreinte sur la mitaine aimée en louchant pour tenter de saisir la raison de l'émoi de Bérénice. Poppy, le colossal Rottweiller de la voisine, madame Weller, une juive peureuse qui laissait en permanence son chien tenir la garde sur le balcon juste au-dessus de chez Bérénice, venait enquêter sur la situation. Sous des apparences de brute sanguinaire, Poppy dissimulait un cœur de caniche à bouclettes. Il détestait jouer le garde du corps de sa maîtresse, mais il se prêtait au jeu en grondant dès qu'un moineau se déposait sur la corde à linge alors qu'il eût préféré servir de tremplin d'atterrissage au dit moineau pour avoir un peu de compagnie. Il adorait les petits enfants, mais ne pouvait se risquer de le montrer au risque de faire un aller sans retour au chenil. Le chenil, il connaissait. Il avait passé les quatre premiers mois de sa vie dans une cage jouxtant celle d'un doberman vicieux qui lui jappait des trucs obscènes par la tête toute la journée. Poppy aurait tant aimé qu'on le loge dans la pièce adjacente, avec les chats. Il avait d'ailleurs appris à miauler bien avant de japper, mais il gardait ce talent pour lui. Il se miaulait parfois de douces comptines pour s'endormir les nuits où l'orage grondait, car il craignait par-dessus tout le tonnerre et tous les bruits surplombant les ronflements de sa maîtresse.

Pour le remercier de ses services de gardien du logis, bien qu'il eût le sentiment de n'en rendre aucun, madame Weller lui servait toujours le reste de sa part de tarte ou de gâteau. Poppy était un fou fervent de desserts en tous genres. Le sucre l'attirait plus que tout au monde et il eût mordu tous les fonds de pantalon de facteurs si telle avait été la volonté de sa maîtresse, en autant qu'il reçût son grain de sucre en récompense.

Poppy adorait également regarder la télévision. Il s'était entiché de Babe, le petit cochon qui voulait être un chien berger. Tout comme lui, Poppy cultivait des aspirations supérieures, tel que devenir chien d'aveugle, propriétaire d'animalerie, gardien de sécurité pour la firme Secur, vice-président de la SPCA. Lorsque sa maîtresse avait le dos tourné, il tripatouillait la télécommande avec ses crocs féroces pour trouver le canal «Université» sur le poste de télévision, en vain.

Si Tristan, Bérénice et Poppy partageaient une sorte d'intelligence commune, et que les deux premiers en d'autres temps s'estimaient supérieurs, ils se sentirent tout petits devant le mastodonte qui s'amenait vers eux, la gueule ouverte comme un tunnel sans fond d'où s'échappait une buée tiède. Poppy était fou de joie d'avoir de la compagnie, et surtout de sentir, sur le visage de Bérénice, l'arôme de la pâtisserie récemment mangée. Il se dirigea tout droit sur elle et se mit à lui lécher la joue. Bérénice était figée, transie de peur, dégoûtée aussi par l'haleine du chien qui ne s'était visiblement pas brossé les dents depuis sa naissance. Elle voyait son avenir hypothéqué par un visage défiguré, à moitié mangé par l'animal sauvage, elle, une future Prix Nobel, masquée. Elle adopta l'attitude de la momie, elle en avait d'ailleurs la couleur. Petit à petit, grâce à la chaleur de sa salive, Poppy, affairé à se délecter des miettes de chausson aromatisées du bon suc de joues de petite fille, faisait fondre la glace qui retenait Bérénice prisonnière du balcon. Elle put se libérer de l'étau de glace et s'enfuit, laissant Tristan aux dents du colosse. Poppy, croyant à un jeu, colla aux fesses de Bérénice tandis que Tristan chuintait le nom de sa bien-aimée, désespéré de se voir abandonné par celle pour laquelle il aurait donné sa vie.

Les histoires d'amour se terminent souvent mal, c'est connu. Poppy, le plus pacifique des toutous, se vit injustement condamné à l'euthanasie pour avoir agressé une petite fille. Tristan, lui, ne put pardonner à Bérénice et refusa de la revoir malgré ses supplications. Il sombra dans une dépression dont il ne se remit jamais totalement. Sa médication, un cocktail d'antidépresseurs et de drogues hallucinogènes, produisit toutefois un effet bénéfique sur son esprit et il publia une œuvre abondante dont les poèmes déchirants et évocateurs remportèrent de nombreux prix, dont le Bertrand-Laverdure. «Ode à Poppy» fut mis en chanson et la version instrumentale, achetée par une maison allemande, lui acquit un succès international. Il n'est pas rare de l'entendre dans les ascenseurs et sur les lignes d'attente téléphoniques. Bérénice, elle, maria un riche armateur grec rencontré dans un restaurant de souvlakis de l'avenue du Parc où elle était serveuse et renonça à ses études en expérimentations animales pour des firmes de cosmétiques. Madame Weller se procura un autre chien, genre ministique poilu, une valeur sûre qui ne pouvait, à la rigueur, que mordre quelques chevilles, rien de dramatique. Elle aurait dû se méfier de Poppy, dont elle soupçonnait que la propension à mordre la télécommande cachait des instincts meurtriers. Poppy, quant à lui, connut la plus belle des destinées. L'assistante vétérinaire tenue d'assister le médecin lors de la piqûre létale fut émue quand Poppy se mit à lui lécher les mains et à lui miauler, oui, miauler une sorte de sérénade. Elle demanda une permission spéciale et inusitée, celle de mettre Poppy en présence de petits animaux. Le vétérinaire, ardent défenseur des droits des animaux et secrètement amoureux de son assistante, ayant de surcroît lu dans le *Veterinary Journal* que le suicide était chose courante chez ses collègues obligés de commettre des assassinats sur des animaux en pleine santé, n'ayant aucune envie ce matin-là de tuer qui que ce soit parce qu'il se sentait l'âme guillerette, acquiesça à la requête de Pamela, tel était son si charmant prénom. Conrad, le vétérinaire sensible, cueillit donc deux minets en attente de castration et les déposa contre le ventre de Poppy. Tout de suite, ils cherchèrent de potentielles tétines, ayant été victimes d'une grave erreur à leur naissance : on les avait sevrés trop vite. Bien entendu, ils ne trouvèrent que des pis vides, mais quelle ne fut pas leur surprise quand Poppy commença à miauler de petits chants d'amour en leur léchant le museau entre un *fa* et un *ré*. Devant ce spectacle de pure poésie animale, Pamela et Conrad tombèrent d'extase dans les bras l'un de l'autre. Ils échangèrent leur premier baiser au son de ce qui ressemblait à l'ouverture du *Roméo et Juliette* de Tchaïkovski (ils n'avaient pas tort : madame Weller était une groupie de tous ces Russes romantiques) et scellèrent deux destins : le leur et celui de Poppy.

À partir de ce moment, Poppy connut les jours les plus heureux de sa vie, en tant que gardien de la clinique vétérinaire Toutouminou. Il faisait l'accueil, servait des biscuits aux animaux et à leurs maîtres pour les aider à patienter (il se trompait parfois dans le choix des biscuits, mais personne ne lui avait jamais fait de remarque à ce sujet), sortait les vidanges et réconfortait les petits en attente de castration ou d'opération. Rachmaninov et Tchaïkovski faisaient parti du menu quotidien dans la salle d'attente, au grand plaisir des clients qui ne se lassaient pas de contempler ce Rottweiler miauler de tout son cœur les plus beaux passages des concertos de ces grands maîtres.

Marie, à mort

❖

Ça fait quatre dimanches en ligne que je manigance pour éviter la séance de torture de neuf heures. Maman commence à se faire à l'idée. Depuis que j'ai découvert la gueule anti-messe parfaite, elle n'a même plus envie de me traîner de force comme elle s'y essayait encore quand j'étais plus petite, il y a quatre messes. Je lui ferais honte devant tout le monde, avec ma tête d'enterrement de jeune fille.

Elle part pour l'église coiffée, « rouge à lèvrée », parfumée au « sent-bon » et habillée comme quand elle va au café du Nord dans le but de remplacer papa. Elle veut faire la compétition à madame Charlebois, qui se pavane avec un manteau de chat sauvage frais tué sur le dos, et à madame Chrétien, qui se rend à l'église en auto même si c'est juste à deux coins de rue, sauf qu'elle est en talons hauts alors deux coins de rue c'est trop. C'est la saison des gros manteaux mais aussi des talons hauts. Je n'y comprends rien, aux femmes d'église.

Je sais ce qu'elles font, par contre, avant et après les prières, alignées entre les bancs avec des airs de saintes qu'on aurait canonisées pour leur beau linge : elles s'épient. Je le sais parce que j'épiais tout autant pour ne pas m'endormir. Je le sais aussi parce que quand maman revient, elle raconte des tas de trucs qui n'ont rien à voir avec Jésus. « Madame Chrétien va finir par attraper un coup de mort avec ses petits souliers chics, on est déjà en novembre. Ce n'est pas pour rien que ça s'appelle le mois des morts, elle ne pense à rien quand elle s'habille le matin ? Tu aurais dû voir la Charlebois, elle n'enlevait même pas son manteau de poils de rat, elle devait suer, là-dessous. Elle a peur que quelqu'un le lui vole, faut croire. Son mari, on ne le voit jamais, il travaille tout le temps pendant qu'elle, elle dépense son argent. Mais sûrement pas à la quête, c'est à peine si elle met vingt-cinq cennes. Ah, tu aurais dû entendre le sermon du curé, je cognais des clous ! » Comme ça pendant une demi-heure. À la fin, mes oreilles bourdonnent, je suis au courant de tous les mauvais plis de la paroisse, plus ceux qu'elle a inventés pour se rendre intéressante.

Avant, on était deux à écouter ça. Papa et moi. Je revenais de l'église en courant, j'avais hâte de déjeuner, une hostie, ce n'est pas ça qui nourrit, et papa était déjà en train de fumer sa pipe en se berçant pour mieux réfléchir aux choses de la vie. Maman prenait son temps sur le chemin du retour, le temps que tout le monde remarque son beau linge. J'avais déjà terminé ma troisième rôtie à la marmelade d'ananas Shiriff quand elle commençait ses potins dominicaux. Papa écoutait dans un grand silence religieux, à vrai dire, juré craché qu'il n'écoutait pas; il levait les yeux au ciel en cachette ou regardait maman pour voir si des cornes ne poussaient pas à travers son chignon. Comme moi, il avait honte, c'est sûr. Parce que même si maman venait de passer une heure avec Jésus, de lui, elle ne parlait jamais. Un bon jour — plutôt un mauvais, quant à moi — papa est parti fumer sa pipe ailleurs, le diable sait où. Et je suis restée seule à me taper les commérages de maman, en me berçant avec ma tranche de pain.

« Comme d'habitude, monsieur Laramée n'a pas communié. Il doit avoir quelque péché sur la conscience. Sa femme a été à confesse. Leurs rideaux sont toujours fermés. Je me demande ce qui se passe dans cette maison. » Je le sais : rien. Marie me l'a dit. Son père a une maîtresse, comme nous à l'école, mais dans un autre genre. Il la voit tous les samedis soir au Café du Nord. Alors je me demande bien pourquoi maman fait semblant de s'interroger, puisqu'elle y est aussi, ces soirs-là. Elle lui fait la leçon, c'est ce qu'on se dit en riant, Marie et moi.

Marie est mon amie spéciale, délinquante religieuse en puissance comme moi. Dès que ses parents ont quitté sa maison, elle me téléphone et me chuchote : « La voie est libre. » Sa voix coule comme du miel chaud dans mon oreille, elle fait fondre les saletés et tout ce qui entrave mon conduit affectif. J'attends que ma mère s'en aille, toute embaumée de parfums qui traînent derrière elle. Ils font un sillon que je suis obligée de suivre si je veux franchir la porte et sortir. Ça sent tellement fort que je retiens mon souffle jusque dehors. Je me demande comment monsieur Chose fait pour supporter ça. Puis, je me précipite chez Marie en espérant que l'air frais me nettoie des odeurs de ma mère et je traverse la rue sans même regarder de chaque côté tellement c'est mort. Le samedi soir, tout le monde mange des chips et boit de la bière en regardant la partie de hockey à la télé, c'est évident parce que les lueurs qui émanent par les fenêtres sont rouges et blanches, parfois avec un peu de bleu. Ça dépend des équipes.

On s'est trouvé un nouveau rituel, Marie et moi, bien plus excitant et vrai que la messe : on joue à son père et à ma mère. Je m'enduis les babines de rouge à lèvres volé à maman et je déblatère des tas de méchancetés sur des gens de notre rue, pendant que Marie, elle, me touche. Ses mains sont toujours froides, alors elle porte parfois de gros gants de suède qui appartiennent à son père, ce qui me gratouille et me donne des frissons jusque dans la tête. Des fois, elle fait semblant de m'étrangler avec les gants, elle serre juste assez fort, j'ai alors une petite absence délicieuse et je me dis que si la mort ressemble à ça, alors vivement, mais seulement si Marie vient avec moi. Sinon je laisse courir ses petits doigts osseux sous mon chemisier, qui palpent mes côtes et chatouillent mon nombril. Je susurre avec une voix sophistiquée : « Monsieur Laramée, monsieur Laramée, vous vous rendez compte, si on nous surprenait ? » J'essaie de dire ça sans rire, mais Marie se met à pouffer à tout coup. « Monsieur Laramée, reprenez-vous, voyons ! » On joue comme ça pendant une heure ou deux, puis on s'écroule mortes de rire sur son petit lit et on reste les yeux grands ouverts, sans rien nous dire de plus parce que de toute façon, on a tout dit. Marie se tourne vers moi en me demandant si ce que nous faisons n'est pas mal, c'est toujours comme ça, elle réussit même à me transmette sa culpabilité. J'essuie mon rouge à lèvres sur mon poignet, je prends sa main et je lui réponds : « S'ils le font sans avoir peur d'aller en enfer, pourquoi pas nous ? » Et à nouveau, on a hâte à la prochaine fois.

Maman s'est rendu compte que je piquais son rouge à lèvres, parce que l'angle du bout a fini par s'user dans l'autre sens jusqu'à ce qu'il s'égalise. Je suis gauchère, je devais me peindre les babines par le mauvais côté. Toujours est-il que je suis passée à la salle d'interrogation et maintenant, je suis bonne pour dix chapelets tellement j'ai raconté des mensonges. Je ne veux pas qu'elle sache que Marie est comme mon amoureuse. Me tuer, plutôt. C'est mon secret. Elle pourrait penser qu'on fait de vraies cochonneries, comme elle et monsieur Laramée, et ce n'est pas le cas : on se donne de la pure affection, comme les filles dans « Créatures célestes ». Bien entendu, il n'est pas question de tuer ma mère ou qui que ce soit, on est dans la réalité, en trois dimensions. On veut seulement être ensemble pour le reste de notre vie. Je veux me marier avec elle, adopter une petite Chinoise, j'irai travailler pendant qu'elle lui apprend à parler français et à laisser pousser ses pieds jusqu'au bout, on fera une vraie famille de vraies filles. Elle dit qu'une famille sans homme, ça ne se peut pas, mais j'ai de bonnes nouvelles pour elle, un article dans le journal dit le contraire. Des gens de même sexe peuvent maintenant s'épouser et ne se font pas mitrailler pour autant, même qu'ils ont leur photo en page 14. Le vrai amour se passe de rouge à lèvres, maman peut bien cacher les siens, si elle s'inquiète tant à l'idée que je puisse vouloir me faire belle autant qu'elle, même si ce n'est pas pour plaire à un homme. Marie m'aime sans artifice, avec mon vrai visage. Au pire, quand j'aurai un salaire, je m'en achèterai un, rouge à lèvres. J'aime quand ma bouche imprime des bisous sur le ventre de Marie et le goût que sa peau a quand je les lèche ensuite. J'en mourrais.

Notre affection est devenue grande comme une planète et brillante comme une étoile. Je couche tout le temps chez elle ou elle chez moi, on échange nos vêtements, je mange presque dans son assiette. Ça ne dérange pas nos parents, parce qu'on fait bien nos devoirs et qu'on va maintenant à la messe le dimanche. On aime se chatouiller le creux de la main pendant la lecture des Évangiles. Après, on est libres de faire ce qu'on veut, aller au cinéma avec l'argent de monsieur Laramée ou nous acheter des cornets de crème glacée avec celui de maman, ou les deux, quand on a été de bonnes quémandeuses. C'est pendant un film à pleurer d'ennui que j'ai embrassé Marie sur les lèvres. Elles m'ont rappelé la peau des nectarines, sucrées et lisses, tellement que j'ai eu envie de les éplucher avec mes dents et de me tuer pour mourir d'extase sur-le-champ. Tout en elle est doux et propre, elle sent le petit bébé naissant. Depuis ce premier baiser, j'ai envie de la toucher partout, comme ils font dans les films, je veux dire les garçons et les filles. Elle proteste un peu quand je m'ambitionne à lui triturer le bout des seins, mais elle me laisse faire en roucoulant. Elle aime ça, elle est seulement un peu gênée. Je guide sa main pour qu'elle fasse pareil, j'en ai des chocs électriques jusqu'au bout des orteils. J'ai du mal à comprendre ce qui m'arrive et Marie ne m'aide pas. On dirait qu'elle n'est plus là. Ce n'est pas arrivé du jour au lendemain, sinon je l'aurais remarqué et je me serais tuée tout de suite, devant elle, je me serais pendue avec ma corde à danser. C'est la faute de ce garçon, arrivé à l'école la semaine passée, et qui lui colle après comme si elle était la seule fille de la classe. Petit à petit, elle s'est trouvé des prétextes pour venir moins souvent coucher à la maison, et elle ne veut plus jouer au docteur, ce n'est plus de son âge, qu'elle dit. Je me sens rejetée, je n'aime pas la boule que cela fait dans mon thorax, comme si j'avais mangé des aliments indigestes qui avaient pourri là.

Maman s'inquiète parce que je perds l'appétit et comme je ne suis pas grosse, je deviens maigre rapidement. Ça se voit par mes genoux qui ressemblent à de vrais os. Elle a recommencé à me forcer d'aller à la messe avec elle. Elle dit que ça me ferait du bien de me confesser, mais je n'ai rien à confesser, moi. C'est plutôt Marie qui devrait se repentir ; elle passe tout son temps avec Gregory et moi je suis devenue le chaperon et ce rôle ne me convient pas du tout. Rester à côté comme une surveillante d'école pendant que ces deux-là se minouchent sur le banc et que mon cœur veut éclater, bondir en dehors de ma poitrine et les asperger, les noyer dans mon sang, non merci. Ce serait encore trop beau.

La semaine dernière, aux États-Unis, un garçon a mitraillé une dizaine de ses copains d'école. Enfin, «copains» est un grand mot dans ce cas-ci, je suppose qu'ils s'étaient pas mal disputés pour en arriver là. Depuis ce temps, ça se mitraille à qui mieux mieux dans les collèges, les écoles, les universités, c'est une épidémie. Heureusement que je suis une fille, sinon je pourrais bien faire pareil. J'enrage de plus en plus et cette rage m'a fait vomir le pâté chinois de maman. C'est vrai qu'il n'était pas très bon, comme d'habitude.

Donc, Marie sort maintenant avec Gregory, c'est officiel, la présidente de la classe l'a annoncé pendant qu'on mangeait nos macaronis au fromage à la cafétéria. «Ils sont si beaux ensemble, on dirait Roméo et Juliette !» J'ai eu envie de lui jeter mon plat à la tête.

Roméo et Juliette, elle ne sait pas ce qu'elle dit, elle devrait relire ses classiques. Je suis Roméo, je suis Juliette, je suis deux souffrances à la fois.

Ce soir, j'ai pleuré tout ce qui restait de liquide à l'intérieur de moi. Maintenant que mon cœur et toute la région autour sont asséchés, j'ai le sang-froid qu'il faut pour composer mes missives, à la main, pas sur l'ordinateur. J'écris à la main parce qu'on pourrait lire mes courriels avant que je ne sois morte et la grande artillerie arriverait pour me sauver. Je reviendrais alors à la case départ. J'écris entre autres à maman, pour lui dire que je lui souhaite bien du bonheur avec monsieur Laramée, mais qu'il faudrait qu'elle pense à madame Laramée, aussi, parce qu'on ne peut pas arriver comme ça avec ses gros sabots et briser un ménage, comme Gregory a fait. Ça cause trop de peine et après, on a envie d'en finir. Je lui explique comment je vais faire, pour qu'elle sache que je n'ai pas trop souffert. C'est un monsieur sur Internet qui explique la méthode et ça me semble très bien. Quelques somnifères, maman en a des tas, de petites pilules bleues qu'elle prenait quand papa est parti et qui sont à veille d'être périmées. Je n'aurai qu'à en prendre plus, pour être sûre qu'elles fassent effet. Et quand je commence à me sentir somnolente, je mets un sac de plastique sur ma tête et je l'attache bien comme il faut autour de mon cou, avec du ruban adhésif, genre très large comme celui dont on se sert pour sceller les boîtes. Je vais m'endormir tranquillement, je ne sentirai pas que je manque d'air. Ce sera bien moins douloureux que de me laisser mourir à petit feu en assistant aux faux préparatifs de mariage de Marie et de Gregory, avec moi comme demoiselle d'honneur, ou de les escorter pendant qu'ils se tiennent la main en marchant au retour de l'école. Je n'en veux pas à Marie, je l'aime trop, et Gregory va un jour se rendre compte qu'elle n'est pas pour lui et il n'aura qu'à se mettre un sac sur la tête lui aussi. Je vais d'ailleurs lui laisser un mot avec la recette, je suis certaine qu'il en aura besoin, pauvre gars.

Mona se terre

❖

Docteur Phil, le *Reader's Digest*, n'importe quoi

J'étais devenue une fan du docteur Phil, je l'avoue (mais seulement sous la torture). Le soir, j'adorais me rouler en boule avec Bécot devant la télé de cinq à six heures pour mon émission préférée. Bécot ne me jugeait pas, que j'écoute un truc scientifique ou nul à chier. On se ronronnait dessus et on regardait le bon docteur réprimander avec son élégance légendaire ce qui m'apparaîssait être de pires éclopés affectifs que moi.

Je me questionnais souvent sur ce qui incitait ces gens à exhiber leurs problèmes relationnels devant un public. Chose sûre, certaines personnes trouvaient excitant de les regarder témoigner de leurs souffrances en direct. Voyeurisme sordide, désir de s'identifier ou de se rassurer ? Comment aurais-je pu les en blâmer ? J'étais pareille. J'admirais docteur Phil, pour son tact, sa capacité à mettre son patient devant sa triste réalité sans jamais l'humilier et à l'aider à envisager des solutions autres que le meurtre ou le suicide.

Mon intérêt soudain pour l'émission du docteur Phil ne tenait pas du hasard; depuis l'événement survenu trois mois auparavant, je me sentais incapable de reprendre le contrôle de ma vie. La compagnie quotidienne de ces inconnus me consolait. J'en étais venue à envier ces gens d'arriver à s'épancher sans pudeur, de ne pas craindre d'éclater en sanglots, d'exprimer leur peine. Mes yeux à moi demeuraient bien secs. Un torrent grondait à l'intérieur de moi, pernicieux, empoisonnant ma vie comme si une eau contaminée avait remplacé mon sang. Mon cœur était blessé et je ne faisais pas confiance au temps pour le guérir.

Certes, j'avais fini par développer une sorte de béguin pour le docteur Phil. Sa moustache bien taillée me rassurait, elle semblait balayer les soucis dès qu'une parole la franchissait, mais à vrai dire, c'est la lecture humiliante d'un ouvrage populaire écrit par un gars en apparence plus éclairé que moi qui m'a tirée de ma léthargie. D'accord, lire du psycho-pop n'est pas plus dégradant qu'écouter une émission du docteur Phil, d'autant plus que la lecture d'un livre demande au moins un effort, ne serait-ce que pour tourner les pages. Il dit, cet opportuniste qui profite du malheur de ses semblables, que l'être humain vit en continuelle insatisfaction. On a tout ce qu'il faut pour être heureux, matériellement parlant, et pourtant, on ne l'est pas. À force de se débattre *ad nauseam* dans un grand vide spirituel qu'on tente de bourrer par la consommation des objets, on se retrouve sans cesse face à sa solitude existentielle et patati et patata. Le genre de truc qu'on lit en se frappant le front à chaque paragraphe : « Oui ! C'est exactement ça, je le savais déjà ! Comment se fait-il que ce soit lui qui fasse de l'argent avec ces concepts hyper simplistes et non moi, qui y ai probablement pensé bien avant lui ? » Et on ferme le livre en persévérant dans la même attitude nocive, à laquelle vient de s'ajouter ce sentiment désagréable d'en savoir autant que l'auteur qui vous a chipé vos idées et qui, lui, vit assurément dans une aura de positivisme quotidien avec comme seule activité d'attendre béatement qu'on lui verse ses droits d'auteur, assis dans un sofa de cuir blanc près d'un labrador inspirant, baveux et forcément obèse. J'enrage à la pensée de ces hommes d'affaires déguisés en écrivain qui inventent des livres de recettes pour mieux vivre. S'il existe une personne qui saurait faire ça sans fausse note, c'est bien moi, simplement en procédant par l'inverse, c'est-à-dire en m'inspirant du contraire de ce que je fais au quotidien.

J'ai longtemps cru ou aimé croire que la vie des autres était plus facile et enthousiasmante que la mienne, que le lever du corps tous les matins exigeait moins d'acrobaties au voisin. Jamais contente de moi, de l'autre, de rien, mon chat était le seul à remporter mon assentiment total. J'enviais son existence dénuée de remords de conscience. Il n'avait rien à faire, lui, pas de comptes à rendre sinon que d'être mignon. Facile, quand on est né mignon. Je voulais être lui (les poils en moins), pour ne rien sentir du poids de mon existence.

Depuis l'événement, je louvoyais entre les émissions du docteur Phil et mes lectures «profondes» pour éviter l'évidence qui s'imposait. Une évidence recèle trop de simplicité pour un esprit compliqué. J'ai finalement capitulé: c'était le contenu de mes pensées qui pesait cent fois trop lourd, et non ma destinée entière. Je n'étais pas la seule au monde à qui il arrivait des pépins, nous vivons tous des morts, petites ou grandes, jour après jour. Simplement, pour chacune d'entre elles, je me torturais deux fois trop, je m'y accrochais comme si le piquant de la souffrance s'avérait plus alléchant que l'effort nécessaire pour en émerger. S'il avait existé une version canadienne du docteur Phil, j'aurais peut-être mis mon nom au bas de la liste d'attente.

J'ai été catapultée dans ce vide que j'évitais le jour où un drame conjugal a fait exploser la bulle idyllique que je construisais autour de la vie sans remous de mes voisins. Le type, un éblouissant spécimen de la race BMW qui conduisait sa prestance tous les dimanches matin à l'église, a fait éclater la tête de sa femme, une esthéticienne quarantenaire rénovée de haut en bas, spécialisée dans le raffermissement des vieilles peaux. Un minuscule trou dans son front «botoxé» qui a éclaboussé la belle moquette, les murs et la chemise propre du type, que sa femme perforée venait de repasser, pour rien. Il a émergé sur le balcon, l'air hébété, le fusil encore fumant à la main, il a crié à pleins poumons : «J'en ai marre! Quelqu'un m'entend? J'en ai marre!» Ensuite, il a appliqué le canon sur son propre front et bang! Je n'ai rien vu de cela, bien sûr, j'étais occupée à me tordre dans tous les sens pour essayer de m'extirper du lit, comme tous les matins depuis trois mois, avec sous l'oreiller mon livre plein d'idées nobles sur la manière de faire mieux, espérant absorber le bénéfice de ces écrits pendant mon sommeil. J'ai d'abord entendu le hurlement du gars et je me souviens avoir pensé : «Moi aussi, j'en ai marre, je me tire», puis la détonation a suivi.

Non, il n'y a pas de hasard. Quelque chose s'est éteint en moi à ce même instant. Un coup de feu, à vos marques, prêt, partez, quoi de mieux? Plus de flammes ni d'inspiration depuis un bon moment, dans ma bulle à moi. Des preuves que ça n'allait pas du tout du tout?

— Du jour au lendemain, toutes mes chaussures étaient devenues inconfortables ;

— Peu importe la posture et que j'utilise ou non mon vibrateur texturé et ultra-vrombissant, je n'arrivais plus à l'orgasme. Les scénarios que j'inventais pour me stimuler me culpabilisaient tellement que j'avais fini par renoncer ;

— Bécot s'obstinait à vouloir s'étendre sur mon estomac et j'avais beau le chasser au pied de mon lit, le pauvre persistait à vouloir me toucher au moins le nombril avec une patte. Les chats savent quand on ne file pas. Il l'avait deviné d'ailleurs bien avant moi.

Aucune possibilité de résurrection en moisissant cloîtrée dans ma chambre, coincée sous mon pauvre Bécot. Chaque matin, fourrée dans mon lit, je tendais l'oreille et guettais le départ de Nathalie, mon amie et colocataire, une fraîche diplômée des HEC qui bosse dans une firme grouillante de HECiens et qui lit le *Reader's Digest* pour se détendre. Puis, je me levais et errais d'une pièce à l'autre en scrutant les murs, les plinthes, les cadres des portes, comme si la rédemption y était tapie et qu'il me suffisait de la débusquer. Il me fallait bouger, je ne pouvais pas continuer ainsi indéfiniment, à attendre un coup de fil de Steve, d'autant plus que ce congé à mes frais commençait à me coûter cher et ne produisait aucun fruit. J'ai entassé dans un sac de voyage qui n'avait jamais voyagé quelques vêtements et des imprimés dont la lecture ne demande aucun effort de concentration ni d'intelligence. J'ai écrit un petit mot mentionnant à Nathalie où j'allais en lui demandant de ne divulguer ma destination à personne et de s'occuper de Bécot pour quelques jours. Je l'appellerais pour prendre mes messages. Qu'elle ne s'en fasse pas, j'allais très bien, j'avais juste besoin de repos. J'ai effacé ces derniers mots. Elle savait fort bien que je ne faisais que cela depuis l'événement, me reposer, sans succès, mon mental déglingué pour la raison qu'elle connaissait ne m'en laissant aucune chance. J'ai ajouté que je reviendrais toute neuve et que je reprendrais sûrement le boulot et que s'il appelait...

Sans m'attarder à peser le bien-fondé de ma décision, me croyant prête à sortir de mon inertie, je me suis jetée sur le siège de ma voiture et suis allée prendre l'autoroute 10, la voie de la libération de l'esprit (c'est du moins ce que j'espérais). La maison de prière des sœurs de la Miséricorde, sise en pleine nature, loin du capharnaüm urbain, possiblement loin de mon chaos interne, m'appelait et bien que je n'aie pas pris le temps de vérifier s'il y avait des places disponibles, j'avais le sentiment qu'il y aurait une place pour moi puisque en moi, je n'en trouvais aucune.

La semaine précédente, en attendant mon tour pour me faire extraire une dent de sagesse incluse qui constituait une menace tragique pour la rectitude des autres dents sagement alignées, selon les dires de mon expert-dentiste-chalet-trois-étages-dans-les-Laurentides-trois-voitures-trois-maîtresses, j'avais machinalement ouvert une *revue féminine* qui traînait sur la table, ce type d'ouvrage censé répondre à tous vos besoins de *madame*. Il me fallait calmer ce sentiment d'angoisse qui m'étreignait les pourtours du cœur à la pensée que dans quelques instants, un trou béant dans ma bouche s'ajouterait au vide plat de mon existence. Je caressais tendrement ma bientôt défunte dent avec ma langue, ce qui devait me faire une gueule du tonnerre. Personne ne va *gai-lon-la* à la boucherie dentaire. Je me demandais combien ça pouvait valoir, une si grosse dent, sous l'oreiller et sur mon compte Visa. Dans la revue, entre un article sur ces horribles rides qui vous donnent dix ans de plus et un autre sur ces horribles poils qui vous empêchent de porter les minuscules bikinis présentés par d'horribles mannequins sans rides et sans poils sur les quinze pages suivantes, il y avait un article qui vantait les bienfaits de la réclusion, pour les gens qui ne savent plus où donner de la ride et du poil. On décrivait plusieurs endroits dont celui-là, une maison de silence située au pied du mont St-H., à l'orée d'une forêt.

Ça m'était revenu en mémoire, en passant machinalement le bout de ma langue sur l'espace propre et lisse créé par l'ablation. Il fallait que je me terre, pour un temps, le temps de me rallumer et de retrouver la capacité de me lever tous les matins, sans penser que c'est plus facile pour le voisin. J'en avais assez d'habiter ma vie sans m'y intéresser. J'ai roulé à fond en m'anesthésiant les tympans avec le gars de Coldplay qui nasillait : « *We live in a beautiful world* ». Moi aussi je chanterais ça si j'étais un beau mec charismatique riche et talentueux qui n'a pas besoin d'un cloître pour se remettre les idées en place, mais à bien y songer, si je devais côtoyer tous les jours Gwyneth Paltrow et sa face pâlotte de poisson fumé, j'envisagerais éventuellement la réclusion. Bon, certains couples me rendent folle. De jalousie, bien entendu.

Là où penser au film *Babe* est tout à fait inapproprié

Elle était belle, la maison de prière. Un vaste bâtiment en bois roux et en murs passés à la chaux, érigé sur deux étages et étalé contre les flancs du mont St-H. Une enseigne mentionnait : « Prière de respecter le silence de cet endroit. » J'ai fini d'écouter une chanson de House of Love : « *Somebody's got to love you, somebody's got to care* ». *Somebody*, quelqu'un. Qui ? Moi ? J'ai attendu la dernière note avant d'éteindre en me préparant à franchir la limite qui séparait le bruit du silence.

Puisque je n'avais fait aucune réservation et bien qu'aucune voiture ne soit stationnée dans l'espace réservé aux visiteurs, j'ai laissé mon bagage dans le coffre. Un calme tonitruant régnait sur ces lieux, interrompu aux deux minutes par le son d'une lointaine scie à chaîne, le genre qui sévit en tout temps, partout où il se trouve un pan de forêt à décimer. J'ai appuyé sur la clochette et joint mes mains sur mon ventre. Ce devait être la posture adéquate, celle qui me vaudrait le traitement de faveur. Il s'est écoulé d'interminables minutes avant que je ne perçoive des mouvements venant de l'intérieur, ce qui m'a donné le temps, en considérant mon reflet dans la vitre, de constater que mon attitude de sainte en herbe était parfaitement ridicule. J'ai décroisé les mains et les ai enfouies dans mes poches. Je craignais d'avoir dérangé une messe, un repas, une sieste. Une sœur s'est finalement pointée au bout d'un moment qui m'a paru une éternité. Si le temps dérapait déjà sur le pas de la porte, qu'est-ce que ce serait à l'intérieur des murs? Je sentais que j'étais sur le point d'entrer dans un espace-temps duquel je ne sortirais pas indemne. J'ai pensé m'enfuir en soulevant ma jupe pour courir plus vite, comme Julie Andrews dans la *Mélodie du bonheur* lorsqu'elle gambade dans les prés fleuris en chantant sa joie de vivre. Mais c'était une pensée idiote, comme j'en ai souvent. Je portais des pantalons et je n'avais aucune joie à chanter. Le petit nez rose et rond d'une religieuse est apparu dans le carreau de la porte et j'ai pensé à *Babe*, le petit cochon qui voulait devenir berger. Je pense souvent à des choses incongrues, quand je suis nerveuse.

. . .

— Bonjour, ma sœur. Je sais que je vous prends de court, je suis partie rapidement sans prendre le temps de réserver, mais vous n'auriez pas une petite chambre qui soit libre, pour quelques jours, je ne sais pas combien, le temps de rafistoler mon âme, quoi, un siècle ou deux.

J'ai dit ça, en regrettant instantanément mon laïus qui m'apparaissait nettement trop coloré et créait un contraste criard avec la robe noire et sobre de la sœur. Steve me répétait souvent de tourner ma langue avant de l'utiliser, que j'en mettais trop. Il me parlait de bâillon, de muselière, de pince-babines, l'air rêveur.

— Dans ces lieux sanctifiés, mon enfant, l'âme bénéficie d'un traitement spécial. Un siècle suffit, généralement, hihi. Entrez, mais entrez donc! Vous avez de la chance, en pleine semaine comme ça, il y a moins de gens. Pour l'instant, vous serez l'unique résidente. J'espère bien que vous n'êtes pas peureuse? Ne vous en faites pas, il n'y a qu'un seul fantôme dans notre monastère, celui de sainte Cécile qui s'amuse à faire claquer les portes, hihi. Sinon, on ne la remarque même pas. Vous préférez l'ombre ou la lumière?

Je l'ai regardée sans savoir quoi répondre. Elle me damait le pion, côté déclamation. Avec ses yeux de chouette sous son voile, elle me faisait penser à une chouette coiffée d'un voile, fini le cochonnet. Qu'est-ce qu'elle voulait dire, l'ombre ou la lumière? Était-ce un genre de métaphore poétique, une question philosophique? J'ai opté pour la lumière, cela me paraissait mieux.

— Très bien, je vous donne la chambre Sainte-Suzanne, côté est, très ensoleillée, vous sortirez de chez nous avec un bronzage cubain, hihi. Si vous ne connaissez pas l'histoire très particulière de sainte Suzanne, vous la trouverez là où le signet l'indique dans la Bible qui est dans le tiroir de votre bureau et que je vous engage à consulter. Un petit peu de Bible *every day keeps the* toubib *away*, hihi.

J'ai soudainement eu envie de faire marche arrière. Que sœur Chouette ponctue toutes ses fins de phrases de «hihi», va, mais qu'elle m'incite à lire la Bible... je n'avais pas besoin de pression de ce genre en ce moment. J'avais bourré mon sac de tous les derniers numéros du soporifique *Reader's Digest* de Nathalie pour m'endormir les neurones le temps de mon séjour. Je ne voulais penser à rien de rien. «Rions un peu». «Enrichissez votre vocabulaire». «Je suis le genou de Georges». Rien de plus. Allait-elle me faire passer un examen tous les jours pour voir où j'en étais dans mes Épîtres? Je ne savais même pas qu'il existait une sainte Suzanne. Toutes les Suzanne que je connais n'ont vraiment rien qui s'approche de la béatitude, au contraire: des névrosées hypocondriaques, pour la plupart. Sœur Chouette pédalait vite sous sa robe. On ne voyait pas ses pieds, pour un peu, on aurait dit qu'elle était sur roulettes.

— Comme je vous l'ai précisé, le soleil luit une bonne partie de l'après-midi dans cette chambre, mais vous avez un petit ventilateur s'il fait trop chaud.

— Parfait, ma sœur, pas de problème. Je suis habituée aux affres de l'enfer.

— Vous avez besoin de repos, à ce que je vois. L'ironie cache une grande fatigue mentale. Vous serez bien servie avec nous. Il n'y a ab-so-lu-ment rien à faire ici, à part participer aux offices, faire de l'adoration à Marie, dormir, manger, prier surtout. Si vous avez envie de vous dégourdir les jambes, il y a un petit sentier, le sentier du Silence, qui fait le tour de la maison. Comme vous vous en doutez, ici, on s'abstient de parler autant que possible. Si vous devez ouvrir la bouche pour demander quelque chose, privilégiez le chuchotement. Les repas se prennent également en silence, mais comme il n'y aura personne d'autre que vous au réfectoire, mis à part quelques sœurs, le problème est quasi inexistant, quoiqu'il puisse se présenter des gens n'importe quand. En général, ils attendent d'être à bout pour ça, hihi. Ils viennent pour trouver le silence, ils n'en peuvent plus du bruit, intérieur et extérieur, mais ils ont du mal à se taire et à supporter le silence ambiant. Alors ils mâchent fort pour faire un peu de bruit, ce que nous pouvons tolérer, hihi.

La voix chuintante de la sœur bourdonnait autour de ma tête, comme un léger essaim d'abeilles inoffensives en surface. J'avais l'impression qu'elle ne s'arrêterait jamais et qu'une fois que je serais dans ma chambre, elle allait m'être retransmise par un petit haut-parleur dissimulé dans un recoin indécelable. Je gardais mes yeux vissés dans les siens en conservant un air d'amabilité intéressé, même si je ne captais qu'un mot sur deux. J'espérais que ce soit les bons, ceux qui m'instruisaient de la manière de ne pas me mettre les pieds dans les plats pendant mon séjour. Ma concentration faiblissait, je me retenais de bâiller. J'avais très mal dormi la veille et je n'aspirais qu'à pouvoir m'étendre un instant.

— Nous vous recommandons de participer aux offices, cela est bénéfique pour la guérison de l'âme. Si vous avez besoin de parler, vous n'avez qu'à en faire la demande. Une religieuse qualifiée — moi — est là pour vous écouter et vous conseiller. Vous trouverez l'horaire des repas, des collations et des offices sur une affiche au dos de la porte de votre chambre. Il y a une salle de bain commune avec douche à deux pas de votre chambre et une salle de lecture au rez-de-chaussée.

Elle m'a gratifiée de quelques « hihi » supplémentaires en cachant sa bouche, telle une petite fille gênée d'avoir fait la fanfaronne. Elle semblait ne jamais vouloir s'arrêter de discourir, comme si j'étais la première personne à qui elle parlait depuis sa naissance et qu'elle reprenait le temps perdu.

— Merci, ça ira. J'ai seulement besoin de faire le vide. J'ai un peu de mal à me lever le matin, voyez-vous.

— Je vois, oui, c'est assez courant. Lorsque vous serez installée, descendez à mon bureau, nous remplirons votre fiche d'arrivée. Voici vos clés. Essayez de ne pas claquer les portes, il y a déjà assez de sainte Cécile qui s'en charge, hihi.

— Merci, ma sœur. Je vais respecter la quiétude des lieux, ne craignez rien.

L'air dubitatif, elle m'a souri d'une curieuse manière, a hoché la tête et s'est éloignée dans un bruissement de tissu lourd. Ces robes de religieuses me donnaient l'impression d'espaces mystérieux pouvant receler des tas de choses, des provisions secrètes de petits biscuits secs, entre autres choses.

. . .

La chambre, du format d'un garde-robe de maison de banlieue (c'est-à-dire aussi grande que ma chambre en ville), offrait un confort respectable. Un lavabo immaculé surplombé d'un miroir octroyait la possibilité de s'évaluer la mine et de la rectifier avant d'affronter le monde pour le petit-déjeuner. À mon grand plaisir, il y avait une chaise berçante près de la fenêtre, l'élément essentiel à de longues heures de solitude oisive. Se bercer donne l'impression de faire quelque chose (parcourir des kilomètres sur un prélart ciré sans utiliser ses jambes, par exemple) même si on ne fait rien. J'ai gaspillé de nombreuses heures indolentes à me bercer. Quand je pense à tout ce que j'aurais pu faire en même temps, de la broderie, des téléphones roses, lire une encyclopédie, produire un chef-d'œuvre de tricot, écrire une mini-série télévisée, n'importe quoi. La chaise à bascule relève de l'irrésistible, pour moi. Dès que j'entre dans un nouvel endroit, je la cherche et je la trouve et alors, oubliez ça, j'y reste collée tant qu'on ne me jette pas dehors. J'ai toujours rêvé d'un lit berçant. Le lit jumeau de la chambre Sainte-Suzanne était recouvert d'une catalogne rose, blanche et verte, un vrai bonbon, un appel au sommeil et aux beaux rêves. J'ai palpé le matelas, il était raide comme une planche. Une fois étendue, j'avais l'impression d'être allongée sur une pierre tombale. Apparemment, on ne voulait pas vous laisser

faire la grasse matinée. J'ai regardé l'horaire de la première messe, j'avais vu juste : sept heures quinze. J'allais être réveillée par les chants, pas de quoi s'énerver
au fond, des bouchons pour les oreilles feraient l'affaire. Sœur Chouette n'allait tout de même pas venir
frapper à ma porte pour me forcer à y assister. Steve,
lui, adorait se faire réveiller par les animateurs hystéri-
ques (il y a de quoi l'être : devoir se lever à cinq heures
du matin et faire comme si de rien n'était...) de la radio.
Il mettait le son au maximum pour être certain de ne
pas passer tout droit. Je n'ai jamais compris cette habitude, c'est malsain, j'en suis sûre. Comment peut-on
commencer une journée du bon pied quand on se fait
hurler un bulletin plein de mauvaises nouvelles dans les
oreilles dès la seconde où on ouvre l'œil ? C'est résolu-
ment nocif, ça met sur la vibration négative dès le départ. Mon réveille-matin à moi, c'est un truc qui sonne
comme dans l'ancien temps, je pense toujours qu'il
s'agit du téléphone.

Déjeuner à huit heures. J'espérais qu'il n'y aurait
pas de gruau au menu. Quarante-quatre gros grains de
gruau gris, eurk ! Je déteste cette mixture, qu'on sert
aux prisonniers dans tous les films carcéraux. Dans l'un
d'eux, un gars avait trouvé un ver dans son bol de sou-
pane, le genre de chose qui marque à jamais la psyché du
téléspectateur. Dîner à midi trente, souper à six heures,
goûter à quatre, parfait, je ne mourrais pas de faim, à
moins que le *modus vivendi* des retraites ne consiste à

ne pas alourdir son estomac de manière à garder son esprit léger et ouvert à la prière, la nourriture suprême. J'ai occulté l'horaire des laudes, prime, messe et tierce, sexte, none, vêpres, complies et vigiles pour ne retenir que celui des repas. Alors que la nourriture spirituelle aurait été de meilleur goût pour remplir le vide de mon âme, je n'en voulais rien savoir. Dormir, manger, me bercer, me replier dans les ourlets de l'oubli, voilà ce dont j'avais envie. Je doutais que l'office de sexte ne soit qu'un déguisement orthographique qui cache autre chose et je ne voyais pas comment je pourrais participer à quelque célébration que ce soit sans m'endormir. Je n'étais pas allée à la messe depuis des lustres et la dernière fois, je m'en souviendrai à jamais, le curé avait été victime d'un infarctus pendant son sermon. Son cœur avait péri d'ennui, sans aucun doute.

Manger en silence, y a rien là !

Je suis allée remplir ma fiche d'inscription avec sœur Chouette. Elle semblait faire office de détective médical, allant jusqu'à me questionner sur d'éventuels troubles psychiques. Je me suis retenue de lui répondre que je craignais d'en développer pendant mon séjour. En effet, tout était si calme, si silencieux, je pouvais entendre les murs respirer, les émanations d'anciens résidents morts de morosité et de lassitude pendant leur retraite et ensevelis entre les parois de ciment. J'ai constaté, par une porte entrebâillée, que les sœurs possédaient un poste de télévision et j'en ai éprouvé de la jalousie, tout en me demandant quel type d'émission, mis à part celles du dimanche matin, pouvaient bien les intéresser. J'ai frémi en imaginant les religieuses, vêtues de pied en cap, tomber sur un clip de Christina Aguilera ou de Britney Spears, ou pire, un truc rap où les femmes sont représentées comme des nunuches sexuelles sur lesquelles ne tiennent apparemment aucun vêtement, dont la seule mission est de se montrer disponible en cas d'érection et non de poser pour le pape. Sœur Hi-hi m'a demandé si je comptais me présenter aux offices. Cela paraissait être sa plus grande préoccupation. Elle devait avoir senti sur moi le parfum du scandale, celui de l'athéisme, l'odeur morte de celle qui profiterait de cet endroit béni pour se vautrer dans l'inertie à peu de frais et non pour remercier Dieu de ses bienfaits. Je l'ai rassurée : je ne disais pas non à une bonne messe de temps à autre. Elle a poussé un soupir heureux et ce faisant, son petit nez rose a tressailli. Elle m'a répété qu'elle était là si jamais j'éprouvais la nécessité de me confier. Elle a insisté sur le mot «confier», comme si elle flairait que j'avais besoin de me délivrer d'une petite bête cachée, celle avec laquelle tous les résidents arrivaient, la tronche à terre. Eh bien non. J'allais très bien, merci. Je me trouvais là juste pour... juste pour... aller encore mieux, voilà.

Entre cet entretien et le dîner, je suis allée m'étendre sur mon petit sarcophage et je suis tombée rapidement dans un profond coma, un sommeil de pierre et de plomb, pas très long mais efficace, entrecoupé de rêves absurdes à connotations religieuses et psychanalytiques qui auraient embrouillé le public du docteur Phil.

1. Je suis dans la chapelle et sœur Hi-hi me surveille tandis que je me bourre la face de Ha-Caramel Vachon, vêtue seulement de sous-vêtements affriolants La Senza. Une dizaine de résidents en bobettes, exclusivement masculins, chantent sur la mélodie des nouilles Lancia (une rengaine accrocheuse qui jouait à la radio dans les années soixante et qui a marqué l'inconscient collectif musical) des psaumes à caractère sexuel dont je n'ai capté aucun mot puisqu'ils sonnaient comme des chants grégoriens.

2. Steve vient me rejoindre au monastère. Il frappe à la porte de ma chambre et me dit qu'il vient passer quelques jours avec moi avant de mourir. Il porte le t-shirt *I'm allergic to negative people* que je lui ai acheté pendant une période de positivisme aigu. Je l'invite à entrer et il se couche sur mon lit, les mains en prière et les yeux fermés. Il est aussi blanc que la taie d'oreiller.

3. Je suis en consultation avec sœur Chouette et je lui déclare que je désire entrer dans les ordres. Elle me dit qu'il faudrait d'abord que j'accepte de modifier ma tenue vestimentaire et me fait voir à titre éducatif un

clip vidéo de rap en me désignant une femme à peine vêtue de laquelle je devrais m'inspirer pour ma vie religieuse.

Le carillon signalant l'heure du dîner a retenti. J'ai entendu des pas dans le corridor et je m'y suis précipitée pour constater qu'une nouvelle résidente était arrivée pendant que je dormais. Je n'aimais guère cela, surtout qu'elle avait le look monastique parfait, une longue jupe sombre et un haut assorti. J'espérais accaparer les lieux ou quoi? Devenir la chouchou des sœurs et me faire offrir de petits gâteaux sucrés en dehors des heures de repas? Steve me disait parfois que je n'étais qu'une sale petite égoïste, mais il prenait soin de m'embrasser après son insulte pour m'aider à avaler la pilule. Je me suis fait répéter par ma mère pendant toute mon adolescence que nous, les femmes, devions apprendre des hommes l'égoïsme, tandis qu'eux auraient intérêt à se mouler sur nous quant à la capacité de prendre soin, d'être attentif aux besoins des autres, pour rééquilibrer les pôles féminin et masculin en chacun. Il me semble que j'avais réussi ma mission à cent pour cent, si je me fiais à Steve, et que lui aussi avait rétabli son yin et son yang. J'étais égoïste et il savait prendre soin de moi, en me le rabâchant à tout moment de façon à ce que je ne tende pas trop vers un seul pôle! Il était mon petit ange gardien de la moralité et des qualités terrestres.

La cloche a retenti de nouveau et m'a éjectée de mes pensées. Je me suis hâtée de me débarrasser de mes vêtements froissés pour enfiler ma robe de joie, une jolie robe longue fleurie, souple et vaporeuse. Je suis descendue en trombe mais sur la pointe des pieds, chaussée de mes Birkenstock rouges, et je suis entrée avec une démarche plus solennelle dans la salle à manger. Quatre religieuses, dont sœur Chouette, qui m'a envoyé la main, et une autre, plutôt jeune et jolie — ce qui m'a intriguée —, étaient assises aux quatre coins de la pièce et mangeaient consciencieusement. La jeune nonne m'observait avec de grands yeux de faon tandis que j'examinais le comptoir des plats et elle scrutait ma robe comme si elle tentait de comptabiliser le nombre de fleurs peintes sur le tissu. La femme que j'avais vue dans le corridor se servait de soupe d'une main tremblante en chiffonnant un mouchoir usé de l'autre. Je craignais qu'elle ne laisse tomber son bol si bien que je ne la perdais pas de vue en attendant mon tour pour me servir. Son visage empreint de grisaille m'a interpellée, peut-être parce que je traînais une face semblable depuis des semaines, mais je me sentais si fatiguée moi-même que j'ai décidé de me concentrer sur mes affaires. Steve me disait toujours que j'étais trop dispersée, divertie par l'extérieur et que mon espionnage incessant dévoilait mon manque d'intériorisation. Je ne suis pas d'accord avec cela, c'est un constat nettement exagéré provenant d'un esprit peu curieux. J'aime regarder les gens, leur imaginer des vies, je ne vois pas en quoi cela peut déranger qui que ce soit.

Je scrutais quand même la fille pendant qu'elle se servait pour voir comment elle procédait, ce qu'il était convenable de prendre sans passer pour un cochon. Elle avait la tête de l'emploi et devait avoir l'habitude de ce genre de retraite. Je me suis servie à mon tour de soupe, un bouillon clair dans lequel nageaient quelques nouilles (Lancia?) et de petits cubes de légumes colorés. Une sorte de ragoût de bœuf consistant complétait le repas. Tout sentait divinement bon ou alors j'étais affamée, n'ayant rien avalé avant de partir. J'ai décidé de faire fi de potentielles conventions. J'ai rempli mon assiette à ras bord et me suis emparée d'une part de tarte au citron meringuée à laquelle j'ai ajouté une cuillerée de yaourt à la vanille et un biscuit au chocolat. Je n'allais pas mourir de faim pendant mon séjour, cela me ragaillardissais. J'aime manger, je ne suis pas de celles qui se tortureraient à s'imposer un régime pour perdre quelques kilos, plutôt faire de l'exercice, c'est plus digne.

J'ai pris place près de la grande fenêtre d'où l'on pouvait contempler les arbres et j'ai attaqué mon repas sur l'accablant *Adagio* d'Albinoni en fond sonore. J'aurais préféré le silence total, pour voir si quelqu'un sapait en mangeant. C'était la première fois de ma vie que je prenais un repas sans avoir la possibilité de parler, de surcroît en compagnie de gens que je ne connaissais pas. Cette obligation éveillait une émotion mélangée de malaise et d'interrogation. Je me sentais étrangement gauche, comme si, accentué par le silence, chacun de mes mouvements, ainsi mis à nu, comptait dans la balance. Cette règle toute simple qui contraignait à se concentrer sur une seule chose, manger et rien de plus, imposait subtilement l'humilité et forçait à l'attention. Personne ne dévisageait personne, mis à part la jeune sœur qui croisait mon regard lorsque j'osais le lever de mon assiette. Elle m'a souri et je lui ai rendu la politesse. Un sourire ne fait aucun bruit.

La soupe ne goûtait guère que l'eau, je l'ai abondamment poivrée et salée. J'ai compris Steve, qui ne pouvait toucher à rien de ce que je lui cuisinais sans bombarder d'épices diverses mes plats insipides en me traitant de cuisinière de cafétéria. Le ragoût, quant à lui, ne donnait pas sa place, il goûtait exactement le ragoût Cordon Bleu qu'on aurait agrémenté de légumes divers, ce qui n'est pas une insulte venant de moi, car j'ai toujours aimé cette mixture, horrible selon les épicuriens, délicieuse selon l'experte en nourriture modeste mais bourrative que je suis. La tarte au citron fondait sur la langue, mais j'avais exagéré en ajoutant un yaourt et un biscuit. J'ai constaté que la résidente modèle essuyait sagement le fond de son assiette avec un morceau de pain, à croire qu'on lavait la vaisselle comme ça ici, alors je me suis forcée à ne rien laisser et je m'en suis bien voulue de m'être montrée si avide. Le biscuit était un peu rassis et je l'ai avalé en maudissant ma gourmandise. Je suis allée porter ma vaisselle sur le comptoir, en séparant bien les ustensiles des assiettes et des autres morceaux sans les entrechoquer pour éviter le bruit et, après avoir salué une sœur que je ne connaissais pas et qui regardait ma robe avec un sourire poli et un peu pincé, j'ai péniblement gravi l'escalier qui s'était sûrement vu ajouter le double de ses marches depuis une demi-heure. J'ai réintégré mes quartiers en soufflant, le ventre si plein que j'avais du mal à respirer librement. Je me suis affalée dans la chaise berçante que j'avais tournée vers la fenêtre pour voir ce qui se passait dehors — rien — et j'ai patiné sur le plancher ciré une bonne heure en lisant «Comment j'ai été sauvé de la tempête grâce à un saint-bernard» et toutes les blagues en bas de page d'un numéro du *Reader's Digest* avant de me décider à aller prendre l'air, question d'aider une digestion capricieuse. Je rotais des goûts qui me laissaient supposer que tout s'était mal mélangé dans mon estomac.

Six pieds sous terre de mensonges

Garder le silence, pour moi, ne présentait aucun problème — je travaille dans les services techniques d'une bibliothèque, où je catalogue des documents officiels à longueur de journée, c'est le boulot le plus ennuyant du monde et comme si ce n'était pas assez, tous les employés affichent une tronche macabre sans dire un mot du matin au soir. Je me sentais à l'aise avec l'idée de ne pas me perdre en conversations pendant quelques jours. Steve aimait concevoir des idées erronées à mon sujet : je n'allais pas mourir d'inactivité linguale si je ne parlais pas pendant plus de dix minutes ! Il n'en allait pas ainsi de tout le monde. J'ai rencontré l'autre résidente sur un tournant du sentier alors que je tentais de faire le vide, entreprise nettement exagérée en ce qui me concerne. Ne pas parler tout haut, va, mais ne pas parler tout bas, holà ! Elle était assise sur une souche et pleurnichait en triturant son nez avec un mouchoir froissé. Je l'avais vue de loin et j'avais pensé bifurquer pour respecter le recueillement de la dame, mais pour aller où ? Aucun embranchement n'était visible. Le sentier serpentait autour d'un petit boisé, encerclant la maison de prière d'une façon circulaire et ne permettant qu'une seule direction. Après tout, me suis-je dit, nous sommes dans un sentier libre et libres nous sommes de l'arpenter comme bon nous semble, en pleurs ou autrement. Elle a levé la tête en m'apercevant et a reniflé un bon coup en épongeant ses yeux boursouflés. « Est-ce que cela vous dérange si je marche un peu avec vous ? » Je ne savais pas quoi dire, je ne voulais pas interrompre mon silence, mais je me suis dit qu'il me fallait faire preuve d'affabilité et accepter qu'elle m'accompagne. On pouvait très bien marcher côte à côte sans piper mot, de la même manière qu'on mangeait ensemble en se contentant de mastiquer et d'avaler. Je ne me doutais pas que j'allais faire l'objet d'un tel flot de confidences

et dès le premier mot, j'ai opté pour l'écoute sans inter-
vention. Je marchais en regardant mes pieds aux ongles
mal coupés et en m'enthousiasmant devant un éventuel
projet de manucure pour occuper ma soirée et la lais-
sais vider son pauvre cœur.

— Il est mort! Il est mort! Bouh-ouh-ouh!

— ?

— Mon fiancé! Il a été broyé par la machine qu'il
était en train de réparer. On n'a même pas pu l'exposer,
il était trop déchiqueté, mon beau futur mari, dé-chi-que-
té-é-é, bouh-ouh! Nous devions nous marier le mois
suivant. Ma robe était achetée, vous auriez dû la voir,
une pure merveille, blanche, toute blanche. Je me disais:
c'est beaucoup trop blanc, je me tache toujours quand
je porte du blanc et nerveuse comme je vais être... Les
préparatifs étaient faits, tout le monde avait acheté son
cadeau. J'ai eu le courage d'en ouvrir quelques-uns avant
de venir ici, car certains me les ont fait parvenir quand
même, vous imaginez? Cela faisait deux mois que je les
avais, ils me regardaient du haut de la commode, avec
leurs papiers et leurs boucles colorés. Ils disaient:
«Ouvre-nous, ouvre-nous, fais face à la réalité. Il est mort,
il est mo-ort-ort-ort! Tu ne le reverras plus jamais!»
Qu'est-ce que je vais faire avec ce nouvel ensemble de
vaisselle pour six maintenant que je suis seule? Bouh-
ouh-ouh. Il était si gentil, la crème des hommes, le plus
ponctuel, assidu, avenant, distingué, cultivé, ah oui,
même s'il n'était qu'un simple journalier. Il avait acheté

les trois premières saisons de la série *Six pieds sous terre*, on s'en passait deux épisodes tous les samedis soir, je ne pourrai jamais la terminer, c'est trop de souvenirs! Et puis la semaine dernière, Ruth, une amie à moi, m'a dit: « Claire, il faut que tu arrêtes de tourner en rond, va donc te reposer chez les sœurs, tu sais comme ça fait du bien, et le silence t'aidera à panser tes plaies. » Mais je ne pourrai jamais, le silence va me rendre folle, je n'arrête pas de penser, je pense à lui sans arrêt!

. . .

Son histoire de fiancé broyé m'a rendue perplexe. J'avais vu tous les épisodes de *Six pieds sous terre*, nous les avions littéralement avalés, Steve et moi, en nous empiffrant de Fritos et de soda rose — une tradition contraire à nos principes alimentaires, mais que nous avions adoptée pour les circonstances puisqu'en d'autres temps, nous nous faisions un devoir de ne jamais manger de telles cochonneries. Je me souvenais fort bien de cet épisode où un homme meurt en début d'émission, happé par la machine que son jeune employé avait accidentellement mise en marche. Il était tellement déchiqueté que l'exposition du corps s'était avérée impossible, malgré tout le savoir-faire de l'expert en thanatologie. Je me suis laissée divaguer intérieurement en me rappelant ces délicieux moments où Steve et moi nous tenions collés-collés sur le sofa, couverts de miettes de Fritos, envoûtés par le déroulement de l'action et rivés aux lèvres de chacun des personnages pour ne perdre aucune parole. Pendant la période où nous avons visionné la première saison de la série, nous nous sentions faire partie de la famille Fisher, nous nous fondions dans l'intimité de Claire, Ruth, Nathaniel, David. Nous en parlions au lever, au coucher, après un épisode, en nommant les personnages par leur petit nom comme s'ils étaient des amis à nous. Je me sentais en véritable psychose, j'en rêvais, je n'arrivais pas à m'en détacher et au bout du compte, quand nous avons terminé la première saison, nous en avons éprouvé un soulagement. Puis nous nous sommes mis sur les dents avec *24 heures chrono*, mais c'est une autre histoire.

La femme s'est remise à pleurer et j'ai regardé autour de nous pour m'assurer que nous étions seules, car elle parlait plus fort qu'un contremaître. Ce geste était superflu, puisqu'il n'y avait pas un chat, fort malheureusement; j'aurais pu la refiler à quelqu'un d'autre. Je m'en suis instantanément voulu d'avoir conçu cette pensée dépourvue de charité chrétienne, très peu appropriée compte tenu des lieux, mais je me sentais vachement mal à l'aise, je ne savais pas si je devais intervenir. Je ne suis pas très forte en matière de deuil, Steve me disait souvent que je fuyais l'inéluctabilité de la mort en ne voulant jamais aborder le sujet avec lui. Il voulait tout le temps parler de ça, la mort le fascinait. Pas moi.

Voilà pourquoi il avait acheté *Six pieds sous terre*. Il espérait des conversations transcendantes sur le sujet mais au lieu, je lui rebattais les oreilles avec le *sex-appeal* de Nathaniel et la vacherie de Brenda, son hystérique de blonde avec une gueule à propos de laquelle je n'arrivais pas à me faire une idée : m'était-elle sympathique ou non ? Ce qu'il me trouvait superficielle !

— Et vous, vous êtes venue ici pour une raison particulière ?

Je trouvais qu'elle sautait vite de son cas au mien. Il était hors de question que je me confie à cette étrangère. Elle avait bien assez de ses problèmes mais, adepte du docteur Phil, je savais pertinemment que les gens qui souffrent aiment aussi se tremper dans la souffrance des autres pour oublier la leur. Je ne savais pas quelle attitude adopter. Cette femme avait séché ses yeux bien promptement, c'était louche.

— Je suis là parce que... parce que j'avais besoin de... de prendre l'air, voilà. De réfléchir, de faire le silence.

J'avais appuyé sur le mot « silence » en le prononçant, en essayant de ne pas avoir l'air de faire exprès. Ce qu'elle a ajouté m'a scié les jambes.

— Moi, je suis déjà venue ici, enfin, deux ou trois autres fois, c'est un endroit parfait pour faire le point. J'ai souvent besoin de faire le point dans ma vie. Mais j'avoue que la mort de *Nathaniel* est le moment le plus pénible de tous.

Nathaniel? Non, ça n'allait pas, là. J'ai senti une vague de colère m'envahir. Elle me prenait pour une idiote, ou quoi? J'ai eu brusquement envie de me retrouver dans ma chambre, en pyjama, avec mon coupe-ongles en attendant le repas du soir, de m'éloigner de cette mythomane en mal d'attention. Je me trompais peut-être, il existe des Nathaniel ailleurs que dans *Six pieds sous terre*. Je pourrais mettre sœur Détective Chouette sur le cas. J'ai accéléré le pas pour nous rapprocher du portail le plus vite possible et l'ai abandonnée sur le seuil en lui souhaitant de se remettre de l'absence de *Nathaniel* (je n'ai pu m'empêcher de redire son nom) du mieux qu'elle le pouvait. J'ai ajouté que j'allais «prier pour elle». Je n'en revenais pas d'avoir dit cela. Je ne me souviens même pas comment on prie. On allait se charger de me rafraîchir la mémoire.

. . .

— Vous revenez juste à temps de votre promenade pour assister à l'office de none. Vous ne serez pas seule, une personne est arrivée pendant votre absence.

Sœur Chouette m'avait attrapée au vol, alors que j'essayais de me faufiler jusqu'à l'escalier sans faire de bruit de peur, justement, d'être repérée. Je n'échapperais pas aux offices. Déjà, j'étais cernée, je n'avais aucun prétexte de refus et ceux que je servais à ma mère quand j'étais petite ne me seraient d'aucun secours ici.

Je patinais vite dans ma tête, au cas où je pourrais inventer une histoire plausible : une fatigue insoutenable, accablante, doublée d'une envie urgente de soudainement pleurer le poids de mes soucis (elle m'aurait alors suggéré d'aller la rencontrer après l'office) ? Une blessure au dos qui m'empêcherait de supporter l'inconfort notoire d'un banc d'église ? Un besoin urgent de lire sur sainte Suzanne ? Je l'ai sagement suivie jusqu'à la chapelle et la pleureuse s'est jointe à nous. Un monsieur au visage revêtu d'une mine tristounette s'est tourné vers moi alors que je pénétrais dans la lumineuse chapelle du pas de celle qui s'apprête à être crucifiée, à la recherche du meilleur siège, celui qui me mettrait à l'abri du regard des religieuses alignées comme des enfants sages au dernier rang. Je leur ai offert ma nuque à voir, ainsi elles ne remarqueraient pas si je clignais de l'œil en tentant de ne pas m'endormir. J'ai fait mine de m'intéresser à ce qui se passait autour de l'autel, espérant l'apparition d'une *rock star* qui nous chanterait une messe à gogo. Le nouvel arrivant s'est assis à deux bancs du mien. Qu'est-ce qu'un homme de ce genre, qui avait l'air de pouvoir se payer les meilleurs spas, pouvait bien faire dans un tel endroit ? Je l'ai entendu se moucher, puis il s'est taponné les yeux. Aucun doute, il était bien à sa place. J'étais la seule qui ne pleurait pas. Tout le monde pleurait autour de moi, ici, à la télé, devant le docteur Phil, au cinéma, il y avait des tas de bonnes raisons pour pleurer et moi qui possédais la meilleure d'entre elles, je n'y parvenais pas. Je n'étais pas normale, il me fallait une psychanalyse de dix ans, un lavage de cerveau, des électrochocs, des bombes lacrymogènes ou du poivre de Cayenne, un défrichage en profondeur pour déterrer les mauvaises herbes autour de mon cœur, quelque chose, n'importe quoi. Mais quoi?

La cérémonie a passé tellement vite que j'étais encore sur mes fesses, les yeux fixés sur l'autel, quand je me suis aperçue que tout le monde se levait. J'ai fait un sourire embarrassé en direction de sœur Chouette, qui semblait très contente du déroulement de l'office de none et surtout que j'y aie assisté. J'ai filé vers ma chambre sans un regard pour le nouveau résident ni pour la femme qui tournicotait son vieux mouchoir, en me disant qu'ils feraient un beau couple, ces deux-là, comme Gwyneth et Chris Martin, comme Steve et moi.

Remplir le vide par l'estomac

Incapable de fixer mon attention sur quoi que ce soit, je suis descendue sur la pointe des pieds m'engouffrer dans la cabine téléphonique. Je n'étais au monastère que depuis la matinée et le seul vide que j'avais réussi à remplir était mon ventre. Je m'étais goinfrée comme si j'étais munie de quatre estomacs. Tout ce qui résulterait de mon séjour ici serait dix kilos à perdre. La cuisinière s'était surpassée et je n'avais pu m'empêcher de m'emballer à la vue du potage à la carotte, des feuilletés aux épinards et au jambon rôtis à point, de la purée de pommes de terre au beurre, des délicates asperges et de la tarte au bleuet encore chaude. Je m'étais assise de manière à ce qu'on ne voie que mon dos. Il m'apparaissait impossible de me commettre dans cette orgie alimentaire devant qui que ce soit. Je me serais mordu les lèvres ou l'intérieur des joues par nervosité, j'aurais répandu du potage sur mon tricot et conservé des miettes de feuilleté tout le tour de ma bouche sans m'en apercevoir. En mâchouillant mon feuilleté, j'ai fait semblant d'enregistrer le moindre détail des rideaux unis. Je m'efforçais de manger sans faire de bruit, j'étais sur les dents. De temps en temps, le nouveau venu tournait la tête vers moi, tentait-il de capter mon attention? Il était hors de question que je dévie du but que je m'étais fixé en venant au monastère. En fait, j'ignorais presque tout de ce but, mais j'espérais qu'il m'apparaîtrait dans toute sa limpide luminosité d'un jour à l'autre. En attendant, il me fallait voir si j'avais des messages dans ma boîte vocale. Je suis tombée sur Nathalie qui revenait de son boulot.

— Je ne peux pas croire que tu m'aies laissé ton fauve sur les bras. Tu sais que j'ai du mal à me nourrir moi-même. Je ne peux tout de même pas lui servir mes surgelés!

— Écoute, ce n'est que pour quelques jours. Pas compliqué, il ne mange que des petites crottes sèches. Et ça donne la même chose dans la litière, rien pour lever le cœur. Personne n'a appelé pour moi?

— MonaMonaMona, ne me dis pas que tu attends toujours que Steve réapparaisse?

— Oui. Non.

— Oui, je le sais bien. Cela fait maintenant trois mois qu'ils ont disparu, lui et Luc, et leurs corps n'ont jamais été retrouvés. Tu sais combien on n'a pas lésiné sur les recherches. Cocotte, je m'excuse de te parler aussi franchement, mais tu dois tourner la page. *Tourner la page*, tu m'entends?

— Arrête, tu me mets la chanson des Simard dans la tête.

— Cesse de fuir la réalité. Fais ton deuil. Reprends le boulot.

— Je ne peux pas. Pas encore. Il me fallait sortir de la maison, je devenais folle, surtout depuis l'affaire des voisins. Tu n'étais pas là, toi, quand il a tiré sur sa femme.

— Tu n'aurais pas dû y être non plus, tu aurais dû être à ton travail.

— Travail, travail, tu n'as que ce mot à la bouche. Je ne peux pas, en ce moment. Tout le monde me regarde comme si j'étais une plaie béante.

— Tu es une plaie béante, et tu ne fais rien pour te guérir.

— Ben, tu vois, c'est pour me guérir que je suis venue ici.

— En faisant quoi ?

— Rien.

— Qu'est-ce qu'il y aura de différent entre être là ou ici ?

— On verra. Au moins, je suis ailleurs.

— Ailleurs ? Tu es toujours avec toi, dans ton cœur, où que tu sois, tarte. Tu n'as pas versé une seule larme ! Tu es déshydratée ou quoi ?

— Arrête ! Laisse-moi nier, espérer, errer. Pleurer équivaudrait à une défaite, une capitulation. Je ne sais pas comment tu as fait, toi, pour régler le cas de Luc aussi facilement.

— Qui t'a dit que cela a été facile ? Je l'ai pleuré tout de suite, je n'ai pas tout gardé en dedans de moi en niant l'évidence. Eh ! Tu n'es pas la seule à vivre une perte, mais il faut bien continuer à faire les choses ordinaires, sinon on dépérit et ça n'arrange rien. Il ne dit pas ça, ton docteur Phil ? Au bout du compte, on en a deux fois plus lourd à ramasser. Ça ne fait pas réapparaître les morts.

— Ne dis pas ce mot.

Je me suis mise à pleurer comme une madeleine. Je sanglotais si fort que j'ai alerté Chouette qui passait devant la cabine téléphonique. Elle a glissé son bras par la porte et m'a donné un mouchoir en tissu. Je n'avais pas vu un truc pareil depuis ceux de mon père. Le visage répugné de ma mère triant le linge sale m'est apparu. J'ai éclaté de rire en reniflant.

— Tu n'es même pas capable de pleurer pour de vrai, tu ris !

— Nathalie, Nathalie, je ne sais pas, je ne sais pas ce que je fais ici, je ne sais pas où est ma place en ce moment. On dirait que je n'ai plus de place nulle part.

— Rentre donc, on va écouter *Les Sopranos*, j'ai emprunté la première saison au complet.

— Merci, tu es si fine.

Je me suis mouchée. Les amies, il n'y a que ça quand plus rien ne semble tenir debout.

— Laisse-moi quelques jours, j'en ai besoin, retiens-toi d'écouter le premier épisode, attends-moi, tu veux ?

— Bien sûr. Je t'appelle s'il y a quelque chose d'important. Repose-toi, fais le vide et le plein et reviens toute neuve.

— Je serai toute neuve, j'aurai pris vingt livres, on mange comme des cochons ici, ça aide à remplir le grand vide.

— Ne t'en fais pas pour Bécot. Je m'en occupe. Je vais le cuisiner en rôti.

— Garde-moi la fourrure, je vais m'en faire un chapeau d'hiver. Bon, à bientôt, d'ici une semaine, probablement moins. On peut devenir fou, ici, tout autant que le contraire. J'ai emporté quelques-uns de tes *Reader's Digest*, pour garder mon mental intact.

— Ris pas de moi. Tu sais que j'ai besoin de lectures légères après mon boulot.

— Ah ! Parce que lire des histoires sur des gars qui se font attaquer par des grizzlis, tu trouves ça léger, toi ? Allez, prends soin de toi aussi.

— Bye, Mona.

— Bye, Nathalie.

— Bye.

— Bye.

J'aimais cette fille. Elle était à mes yeux comme ce roseau qui plie mais ne casse pas. Elle faisait face et me donnait l'exemple à suivre, telle une petite lanterne qui éclairait mon chemin.

. . .

Lorsque Steve et Luc m'avaient annoncé qu'ils partaient en randonnée de canot-camping sur la rivière Moisie à Sept-Îles pour quelques jours, j'avais refusé de les accompagner et Nathalie était prise par son nouveau travail. J'ai une peur bleue de ces descentes de rapides qui malmènent le corps au risque de se claquer les cervicales, pire qu'un traitement de chiropraticien raté. Je n'aime pas l'eau, ni le camping, ni les insectes, et la pénombre en pleine forêt me terrifie. Bref, il s'agissait à mes yeux d'un truc de gars et j'étais heureuse à l'idée qu'ils puissent partager du temps ensemble. J'avais besoin de repeindre ma chambre, l'occasion se présentait. Je n'ai jamais fini, il reste un mur vert, tous les autres sont roses, c'est horrible, d'autant plus que ce travail inachevé me rappelle notre relation qui l'aura également été.

Après avoir retrouvé leur campement et leur canot, les équipes de secours les ont cherchés pendant des semaines. J'ai moi-même sillonné ces bois sombres et touffus, des bois capables d'avaler des promeneurs par dizaines. J'ai parcouru le bord de la rivière, hostile avec ses rochers dont les pointes émergeaient à peine de l'eau, en rageant de ne pas avoir su surmonter mes peurs. Si j'avais été là, rien ne serait arrivé. C'est ce que je me suis dit tous les jours depuis. Tous les jours depuis, j'ai attendu un coup de fil et je me suis laissée dépérir entre les murs roses et vert. Nathalie a été d'une aide inattendue, compte tenu qu'elle-même vivait une perte. Elle revenait de son travail plus tôt, me préparait des plats de pâtes, des ragoûts, elle qui déteste faire la cuisine. Elle m'a remis d'aplomb physiquement, mais mon moral est demeuré entre les branches de cet arbre sous lequel gisait la tente pleine des affaires de Steve et de Luc, ces choses mortes que je conserve sous mon lit.

Je suis sortie dans le but d'arpenter le sentier du Silence, malgré la pénombre qui m'effrayait. J'ai pensé à Steve qui voyait la noirceur de la forêt telle une aire de repos alors que moi, elle me rappelait la mort. Pourtant, j'ai avancé vers le bois. Qu'est-ce que je risquais ? L'air était pur et frais, il dilatait mes poumons et déversait du sang neuf vers mon cœur, comme pour le nettoyer. Les nuages bougeaient dans le ciel et ont libéré une lune pleine qui a dessiné une douce lumière entre les arbres et m'a montré le chemin à prendre. Pour la première fois depuis longtemps, je me suis sentie un peu habitée par moi-même, et non par le vide. J'ai tournoyé dans l'espace, les bras ouverts en hélice en expirant un râle, suivi d'une cascade de sanglots et de larmes. D'où j'étais, entre les branches des érables, j'ai aperçu sœur Chouette qui se tenait dans une fenêtre à la manière d'un vigile bienveillant. Elle semblait m'observer, seulement éclairée par une lanterne qu'elle tenait à la main. J'ai agité mes deux bras pour lui signifier que je la voyais et en guise de réponse, elle a bougé son petit nez de gauche à droite, telle une sorcière bien-aimée. Pendant un instant, j'ai imaginé qu'elle s'envolait vers la lune et les étoiles, comme la Sœur Volante.

TABLE

Vile ville.. 7

Cadeau d'anniversaire............................. 19

Câlin manqué... 25

Cellules en l'air...................................... 47

Cendres amères...................................... 55

Ne vous endormez pas!........................... 67

Félix et le chat....................................... 77

Il l'aime tant.. 91

Point de salut.. 97

Dans la boîte... 111

La mort d'un dogue................................ 121

Marie, à mort... 131

Mona se terre... 141

Achevé d'imprimer au Québec,
premier trimestre 2007.